矢澤美香子・松野航大 編
Mikako Yazawa & Kodai Matsuno

# 役立つ！産業・組織心理学

● 仕事と生活につかえるエッセンス

Industrial /
Organizational
Psychology

ナカニシヤ出版

# はじめに

　加速化する社会の変化，時代の流れと共に，産業・組織の在り方も日々刻々と急速な変貌を遂げてきています。移り変わりの激しい現代においては，雇用の問題や人材管理の問題，メンタルヘルスの問題など，次々と産業・組織に関わる新しい課題が生じているといえるでしょう。このような現代の産業・組織の中で生きる私たちに，その問題解決へのヒントを与えてくれるのが，産業・組織心理学です。

　本書は，産業・組織心理学の歴史的な背景や基礎的な知識，種々の理論，さらにはそれらの応用について網羅的に学ぶことができるテキストです。執筆は，産業・組織心理学の第一線で活躍する研究者や実務家に依頼をしました。産業・組織心理学の古典的な研究から最新の知見までを幅広くカバーしたうえで，人材マネジメントの方法や働く人への支援など実践的な内容についても詳細に解説したものとなっています。「役立つ！産業・組織心理学」という本書のタイトルの通り，現代社会で日々働く人々やこれから社会人となる人たちにとって，仕事や日常場面で実際に役立つ知識を学ぶことができるでしょう。

　また，本書には，心の専門家を目指す学生や，産業領域における心理臨床の基礎知識を習得したい専門家にも大いに役立つ内容が盛り込まれています。2015 年に心の専門家として初の国家資格である「公認心理師」が法制化され，2018 年から資格取得者が誕生しました。こうした流れに伴い，資格取得に向けた学びの指針を示す「公認心理師大学カリキュラム　標準シラバス」（日本心理学会）や資格試験の出題基準を示す「ブループリント（公認心理師試験設計表）」（一般財団法人日本心理研修センター）にも対応した内容となっている点が，本書の特徴でもあります。

　産業・組織心理学の学びにおいては，その基礎的な知識を覚え，理解するだけではなく，それらをいかに実践につなげて，実務に活かすかという視点が非常に重要といえます。そのため，本書には各章ごとにその内容に関連するワー

クを設けています（ワークはダウンロード資料となっています。入手方法については下記の囲みを参照してください）。ワークを通して，本書で得た学びを体験的に振り返り，自己理解を深めていくと共に，社会で役立つ実践的な知識やスキルを身につけていただきたいと考えています。読者のみなさんにとって，本書との出会いが自己成長の機会にもなれば幸いです。

　長い年月をかけて蓄積されてきた産業・組織心理学のさまざまな知見の中には，産業・組織に関わるすべての人々にとって，日々の生活や仕事で使えるたくさんの知恵が溢れています。学生から社会人そして専門家まで，現代社会を生きる人々の職業生活や家庭生活などあらゆる場面に本書が役立つことと信じています。

　最後に，示唆に富む貴重な原稿をお寄せくださった執筆者の先生方に厚く御礼申し上げます。また，本書を刊行するにあたり快く企画を受け入れてくださったナカニシヤ出版編集長の宍倉由高様，編集をご担当いただいた山本あかね様に謝意を表します。長きにわたるたくさんの励ましと細やかなサポートやアドバイスがなければ本書は完成に至りませんでした。この場をお借りして，皆様に心より感謝申し上げます。

2020 年 2 月

矢澤美香子・松野航大

---

各章の章末のワークには，ダウンロード資料があります。ご希望の方は，manual@nakanishiya.co.jp まで，ご氏名，ご所属および本書の書名（『役立つ！産業・組織心理学』）を明記のうえ，メールにてご連絡ください。

# 目　　次

## 第Ⅱ部　人的資源管理

## 第Ⅲ部　安全衛生

## 第IV部　消費者心理

# 序章

## 産業・組織心理学の歴史と領域

　産業・組織心理学（Industrial and Organizational Psychology）は，産業や組織における心理学的メカニズムを明らかにし，産業領域における実際的な問題解決へとつなげていくことを目的とした学問である。産業・組織心理学は，現代心理学の始まりにその萌芽を見出すことができるが，「経済心理学」が「産業心理学」へと展開し，「組織心理学」が台頭した後，それらが融合する形で現代の「産業・組織心理学」へと発展してきたといえよう。

　本章では，産業・組織心理学の歴史的変遷と扱う研究領域について概観し，本書における学びのねらいを確認する。

## 1. 産業・組織心理学の歴史的変遷

### （1）産業・組織心理学の創始者：ミュンスターベルグの功績

　1879 年に，**ヴント**（Wundt, W.）が，ドイツのライプツィヒ大学に世界で初めての心理学実験室を創設したことが，現代心理学の始まりとされている。心を専門的に扱う研究者養成に取り組むヴントのもとには，各国から若手研究者が集まった。産業心理学の創始者とされる**ミュンスターベルグ**（Münsterberg, H.）もその 1 人であった。ドイツ人のミュンスターベルグは，ヴントのもとで実験心理学を学び，学位を取得した。その後，ドイツを離れてアメリカに渡り，ジェームズ（James, W.）の招きにより，1892 年からハーバード大学心理学教授に就任した。アメリカに帰化したミュンスターベルグは，1898 年にはアメリカ心理学会会長に就任しているが，1916 年にハーバード大学での講義中に急死している。

　ミュンスターベルグは，ヴントの**構成主義**（意識を心理学の対象とし，内観により意識を構成要素に分析したうえで，要素同士の結合と法則性を見出そ

とする立場）に対しては，早くから異を唱えていた。彼は，個人差に注目し，**機能主義**（意識，心的活動を環境への適応の機能として扱おうとする立場）の観点から現象を捉えていたのである。アメリカ社会には，進化論や適応の考えが広く受け入れられる風土と実用的な学問を重んじる気風があった。人間の心と環境との相互作用から現象を解明しようとする機能主義が心理学発展の中心となっており，行動主義の発展へとつながっていった。そうした環境のもとで，ミュンスターベルグは，これまでの実験心理学を産業場面の問題解明に応用し，実践的に活用することを目指して，さまざまな研究を行っていったのである。それらの功績は『心理学と経済生活』（1912 年），『心理学と産業能率』（1913年）にまとめられている。また，自らの目指す学問を「**精神技術学**」と称して，探求する課題を，①**最適の人**（the best possible man），②**最良の仕事**（the best possible work），③**最高の効果**（the best possible effect）の 3 つの部門に分類している。

　精神技術学は，後に「**経済心理学**」と呼ばれるようになるが，これらの 3 部門は，後述する現代の産業・心理学の研究領域にほぼ対応しており，まさしくミュンスターベルグ（Münsterberg, H.）によって，本学問の基礎領域が示されたということができるだろう。

## （2）広告心理学の発展

　ミュンスターベルグの研究に先立ち，「**広告心理学**」という分野においても研究が進められていた。その人物の 1 人が，ノースウエスタン大学の**スコット**（Scott, W. D.）である。スコットもヴントのもとで学んでいるが，その後，心理学の知見を広告活動に応用することを目指した。1903 年には，体系的な書物として『広告の理論』を著し，観念連合，暗示，知覚といった心理学的現象を分析し，効果的な広告の表現方法について論じている。1908 年の『広告心理学』では，記憶，感情と情緒，本能，暗示，意思の分析，行動の種類，習慣，広告の大きさによる注目価値の相違，電車広告の無意識的影響などに関する諸問題が心理学的分析によって論じられている。

　1920 年代以降には，10 年代の研究を継承して，広告論の一般的な概論書が輩出された（橋本，1967）。ハーバード大学のスターチ（Starch, D.）の『広告

の諸原理』では，広告代理店から収集した事例法による研究が取り込まれており，広告機能，表現技術など，広告心理学の発展に大きく貢献した。また，行動主義者であり1915年にアメリカ心理学会の会長に就任した著名な心理学者ワトソン（Watson, J. B.）は，1920年に大学の職を退いた後，1921年から広告代理店に移り，心理学を取り入れた手法により大成し，心理学と広告業界双方の発展に貢献している。

## (3) 産業心理学の領域拡大
### ①テイラーの科学的管理法とギルブレス夫妻の動作研究

　1900年代初頭のアメリカでは，産業領域における心理学がさまざまに展開し始めた。このほぼ同時期，1911年にテイラー（Taylar, F. W.）は『科学的管理法』を著している。テイラーは，ハーバード大学に合格するも，目の病気になり郷里で鉄鋼工場機械工見習いとなったが，作業長，職長と昇進する中で，工場現場の改革に注力していった。当時のアメリカでは，労働，経営管理は極めてずさんであり，労働者と経営者の間の関係も良い状況ではなかった。こうした環境下で働いていたテイラーは，労働者の銑鉄運搬作業，ショベル作業，レンガ積みなどさまざまな作業における熟練工の所要時間を計り，「ムリ・ムダ・ムラ」を省いた仕事の科学的な管理方法を設定した。これはその手法から，**時間研究**（time study）と呼ばれている。また動機づけの方法として，**差別的出来高払い**を導入し，その効果を示しているが，労働者からの反発も多かった（第1章参照）。

　一方，**ギルブレス夫妻**（Gilbreth, F. B., & Gilbreth, L. M.）は，テイラーとほぼ同じ頃，**動作研究**（motion study）と呼ばれる，建築現場のレンガ積み作業を行っている職人の動作を要素動作に分割するという作業分析の方法を提唱した。具体的には，要素動作をサーブリック（therblig）と呼ばれる記号で示し，作業の流れを記述していく方法などが考案されている。

　時間研究と動作研究はまとめて**作業研究**とも呼ばれる。当時，こうした効率性を重視した方法に対して，特にテイラーの科学的管理法には，痛烈な批判が多かったことも事実である。一方で，効果的な職務設計や動機づけ，生産性向上につながる科学的なマネジメントシステムを構築した功績は大きく，後に，

科学的管理法の成果は，フォード社をはじめさまざまな組織に導入され，現代の大量生産システムの礎となっている。テイラーは，2006 年にアメリカ機械学会の会長にも就任している。

### ② 2 つの大戦

　第 1 次世界大戦（1914〜1918 年）は，産業心理学が実際的な学問となっていく 1 つの転機となった。戦時下のアメリカにおいて課題となったのは，軍隊における兵士の選抜，配置の方法であった。そこで，当時のアメリカの心理学会会長であったヤーキーズ（Yerkes, R. M.）を中心に心理学者らによって，**アーミーテスト**（army test）が開発された。これは集団で実施する知能検査であり，従来の個別式の検査に対して，短時間で大量に実施できる画期的な方法となった。当初，言語式の検査（アーミーアルファ）が作成されたが，後に，読み書きができない兵士に対しての非言語式の検査（アーミーベータ）も作成された。これらは高い評価を受け，戦後は，民間企業へと普及し，人事選抜や職業指導などへと応用されていった。

　第 2 次世界大戦（1939〜1945 年）では，兵士の選抜，配置，訓練の方法がより精緻化されていった。また，軍事技術や兵器の高度化を受けて，軍事作業の効率化を高めるための**人間工学**を重視した研究が発展していった。

### ③ホーソン研究

　1930 年代から 40 年代には「産業心理学」という言葉が定着しつつあった。同時期に，アメリカの電話機メーカーのウェスタン・エレクトリック社のホーソン工場で行われた生産性の規定要因を探求した一連の研究が，**ホーソン研究**（1924〜1932 年）である（第 1 章参照）。

　研究開始当初は，照明の明るさという物理的条件の違いが労働者の作業効率に与える影響について実験を行ったが，関連は明らかにならなかった。そこで，ハーバード大学の**メイヨー**（Mayo, G. E.）と**レスリスバーガー**（Roethlisberger, F. J.）らが研究委託を受け，工場の労働者を対象に観察実験（休憩効果実験（継電器組立作業実験，雲母剝ぎ作業実験），バンク捲線作業実験）や面接調査などの研究を実施した。一連の研究によって示唆されたのは，人間の作業能率

には，物理的な環境条件だけではなく，社会的要因が強く影響を及ぼすということであった。すなわち，労働者個々の感情，態度といった人間関係要因がより生産性に関連し，それらは，公式集団（**formal group：公式集団**）ではなく自然発生的に生じた非公式な仲間集団（**informal group：非公式集団**）により影響を受け，仲間うちで形成されたルール（規範）に従うものであることが示された。

### （4）産業心理学から産業・組織心理学への展開

　ホーソン研究によって得られた知見は，その後，「**人間関係論**」へと展開していく。**メイヨー，レスリスバーガー，ディクソン**（Dickson, W. G.）を中心に展開したハーバード学派は「初期人間関係論」と呼ばれている[1]。生産性の向上のためには，従業員のモラールを高めることが必要であり，そのためには，集団内での人間関係の改善が不可欠であると考えられた。個人の社会的欲求の充足を図ることで，組織効率を高めていこうとする立場である。しかし，人間関係論が広まるにつれて，組織の問題を人間関係要因に帰結することへの限界や一貫しない研究結果が示されるなど，理論への批判や疑問が提起されるようになった。

　1950 年代に広まった初期人間関係論は，60 年代に入ると急速に衰微していくことになる。対して，新たに展開されてきた人間関係論は「現代人間関係論」と呼ばれる[1]。**マグレガー**（McGregor, D.），**リッカート**（Likert, R.），**アージリス**（Argyris, C.），**ハーズバーグ**（Herzberg, F.）らに代表され，「新人間関係論学派」などともいわれる[1]。これらの理論は，行動科学的アプローチに依拠していることが特徴とされる。こうした機運は，「組織心理学」への展開を後押しすることになる。従来の能率，効率，生産性向上を重視した産業心理学に対する批判から，組織における人々の行動，態度についての体系的な研究が求められるようになっていった。1965 年には，**シャイン**（Schein, E. H.）や**バス**（Bass, B. M.）がそれぞれ『組織心理学（Organizational Psychology）』という名前の書籍を出版しており，新しい学問分野が確立されることとなった。

---

1　今林（1995）に基づく。

　このような流れは，人間観（人間の在り方をどのように捉えるかという見方）の変遷と見なすこともできる。産業心理学では，人間を経済的に動機づけられる合理的存在として捉える経済的人間観が中心であったのに対し，組織心理学では，人間を社会的関係によって動機づけられる存在として捉える社会的人間観へと変化しているといえる。組織観（組織の在り方）の変遷は，そこで働く労働者の人間観が反映されたものともいえよう。さらに，組織観は，**オープン・システム・アプローチ**（Katz & Kahn, 1966）へと展開していく。組織を有機体同様のシステムを持つものと想定し，環境との相互作用を重視する。すなわち，組織は，外的環境からエネルギーを取り入れ，組織内部で処理したのち，外的環境に出力する。そして，常に変化する外部環境の中での出力結果からフィードバックを得，次のエネルギーを獲得できるのである（馬場，2017）。

　1960年代後半になると組織心理学という言葉が定着していったが，1970年代頃から両研究領域を合わせた「産業・組織心理学」と呼称され，これが現代では一般的となっている。

## 2. 産業・組織心理学の研究領域と意義

### （1）産業・組織心理学の研究領域

　心理学は，人間の行動を科学的に研究することを目的とした学問である。大別すると，基礎心理学領域（知覚，感情，認知，学習など人間の心の一般法則を研究する領域）と応用心理学領域（基礎心理学の知見をもとに，人間を取り巻く環境，生活場面での心の法則を研究する領域）に分類でき，産業・組織心理学は，後者の応用心理学領域に属する。

　図序-1は，1930年代の新行動主義心理学において提唱された，環境と個体

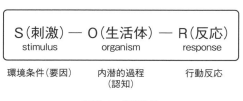

図序-1　行動生起

の相互作用から行動生起を理解する図式である。人間行動が成立するためには，「心理条件」と「環境的条件」が特に深く関係しており，強い影響を与えていると考える。産業・組織心理学における環境条件は，職場，組織など産業に関連する社会生活場面であり，そうした条件下における刺激（S）が，労働者をはじめとする産業活動に関わる人々の認知など内潜的過程における要因（O）と結びつき，その影響力に応じた行動反応（R）を引き起こすと仮定するのである（佐々木，1996）。

アメリカ心理学会では，1973 年に第 14 部会として「産業・組織心理学（Society for Industrial and Organizational Psychology：SIOP）」が，学会における正式な部門と認められている。日本では，1985 年に産業・組織心理学会（Japanese Association of Industrial and Organization Psychology：JAIOP）が発足し，人事，組織行動，作業，消費者行動の 4 部門に分かれて研究者，実務家や個人，団体などが連帯し，活動を展開している。本書では，これらの学会で提起されている産業・組織心理学の部門をもとに，以下の主要な分野について扱う。図序-2 は，「個人」と個人を含む「集団」，個人，集団を包括する「社会」と各分野の位置付けについてまとめたものである。「組織」は，個人の集団であるが，単なる集まりではなく，3 つの要素を持つものとされる。第一に，組織は，明確な共通目標を持ち，その達成に向けて努力する人の集まりで

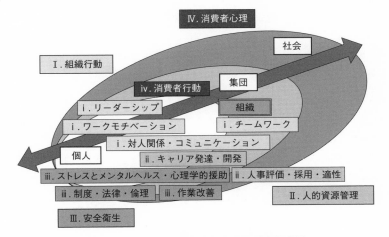

**図序-2　本書で扱う産業・組織心理学の主要な分野**

ある。第二に，共通目標達成のために，持続性を持ち，それぞれが役割や地位を持ちながら，協働する人々の集まりである。第三に，目的を達成するため，地位・役割の分化や権限階層などの構造を持つものである（馬場，1983）。

　　各部における内容とテーマは以下のとおりである。

### 第Ⅰ部　組織行動

　　組織で働く人間の行動や心理を研究テーマとする。個人の働くうえでの動機づけ（ワークモチベーション）や組織，集団におけるメンバーの行動や心理（リーダーシップ，チームワーク），職場の人間関係（対人関係・コミュニケーション）を本書では扱う。

### 第Ⅱ部　人的資源管理

　　組織における重要な経営資源であるヒトをどのように育み，効果的に活用し，組織の生産性を高めていくかに関する研究が中心となる。キャリア発達やキャリア開発を含む人材育成の方法や業績評価，処遇，採用，選抜，配置などの人事に関連するテーマが含まれる。

### 第Ⅲ部　安全衛生

　　働く人の心身の健康，安全を守るための予防や職場環境づくり，作業改善などが研究テーマとなる。職務ストレスやメンタルヘルス，効果的なケアや心理的援助の方法，関連する制度，法律，倫理がテーマとなる。

### 第Ⅳ部　消費者心理

　　消費者の購買意欲やその行動特徴，心理的要因などについて明らかにする研究分野である。購買意思決定やマーケティング，広告心理，また悪徳商法の心理などもテーマに含まれる。

## （2）産業・組織心理学の研究方法と倫理

　　産業・組織心理学の研究手法は，社会科学や心理学の研究プロセス，手法に従うものといえる。これらの学問体系は，①理論的概念の開発，②仮説の検証，③知識体系の蓄積のプロセスを通して発達し，理論が定式化され，知識の体系ができあがっていく（図序-3）。たとえば，組織活動における観察から形成された概念（例：チームワーク）について，職場環境やそこで働く人々の行動，

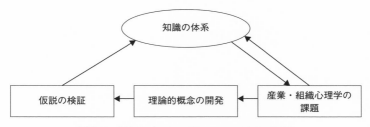

**図序-3　研究のプロセス**（松原，2008 を参考に作成）

態度から関連する他の変数が想定され，それらについて仮説が設定される
（例：チームワークの良好さは業績向上と正の相関にある）。その仮説について，
実証的なデータが収集され，適した分析手法を用いて検証され，支持，不支持
が明らかにされる。それらの検証結果が蓄積されていく中で理論が修正，改訂
され，学問体系ができあがっていくとされる。

　データを収集するための研究法としては，主に，**①調査（質問紙）法**，**②面
接法**，**③観察法**，**④実験法**がある。それぞれの内容と特徴についてまとめたも
のが表序-1 である。

　いずれの研究法を実施するうえでも，研究倫理を重んじなければならない。
心理学では人を対象とした研究を行うことが多く，研究計画に関して事前に所
属機関の研究倫理審査を受け，実施の許可を得ることが求められる。また，研
究実施にあたっては，対象者に対して十分な説明を行い，同意を得る必要があ
る。これを**インフォームドコンセント**という。実施においては，当然ながら，
対象者の人権に配慮しなければならない。研究参加によって生じる心身への負
担，リスク，参加の拒否，中断，撤回を行う権利の保証，収集されたデータや
個人情報の管理，学会などにおける成果の公表などについて，あらかじめ説明
し，同意を得る。できる限り，書面によって同意を得ることが望ましい。研究
参加者に感謝し，敬意をはらい，参加によって得られた研究成果は積極的に公
表し，社会に還元するように努める。

　研究実施や成果公表にあたっては，不正行為（捏造，改竄，盗用）や著作権
違反がないよう注意しなければならない。また，産業・組織心理学領域では，
特定の企業などと連携して研究を実施する場合も少なくない。利益相反
（Conflict of Interest：COI）への理解を深め，違反のないよう留意する必要が

表序-1　各研究法の内容と特徴

| 研究法 | 内容 | 特徴 |
|---|---|---|
| ①調査（質問紙）法 | 質問項目，回答の選択肢を用意し，自分の考えや態度，行動に近いものを選択してもらう。紙媒体の調査に加え，近年ではweb調査も増加している。 | 一度に多くのデータの収集や複数の変数の測定を行うことができる。匿名性も保ちやすく，データを得やすい。一方，用意された選択肢の回答しか得られないことや偽りの回答，社会的望ましさを含む回答などを除外することが困難である。回答は，意識，自覚されているレベルの反応に限られる。 |
| ②面接法 | 対象者に面接を行い，考えや動機，行動の背景などを直接聞いていく。質問内容を事前に準備する構造化面接や項目を大まかに設定しておく半構造化面接，準備せず自由に尋ねていく非構造化面接がある。 | 明らかにしたい内容，要因について直接的に，詳細に把握することができる。一方，時間等のコストや面接対象者への負担から多くのデータを収集することが困難である。また，面接者の技量や信頼関係の有無などにより，得られるデータに質の良し悪しやばらつきが生じることがある。 |
| ③観察法 | 研究対象となる場や人を直接観察，記録し，データを得る。対象となる環境や集団などに観察者も参加しながら観察する参加観察法と，参加せずに観察する非参加観察法がある。収録された動画を観察する方法もある。また，自然な状況を観察する自然観察法と一定の条件下で観察する実験観察法がある。 | 現実の場面から直接的に情報を得ることができたり，諸変数間の相互作用などを明らかにすることができる。一方，観察時に観察者のバイアスや主観が入らないよう留意する必要がある。場面や時間などを適切に設定しないと，標的の行動，現象が観察されないなどの問題が生じ得る。 |
| ④実験法 | 研究対象に関わる複数の変数について，ある変数（要因・条件）を統制した状況を設定し，その状況下で変化する変数を測定することで，変数間の因果関係を明らかにする。 | 実験室下で実施するため，余計な変数の影響を受けにくく，変数間の因果関係を明確にしやすい。一方で，変数に影響を与え得る交絡因子に留意する必要や，厳密な条件設定による実際場面との乖離が生じる場合がある。 |

ある。これらについては，日本心理学会の「研究倫理規定」や産業・組織心理学会の「産業・組織心理学会倫理綱領」「利益相反に関する規程」をまずは熟読することを勧める。

## （3）産業・組織心理学の意義

　さて，これから本書を読み進めるにあたり，産業・組織心理学の意義につい

て考えていきたい。

　今後，日本の生産年齢人口割合は減少の一途を辿り，2060 年には 50.9%，高齢化率は 39.9% と，労働力不足は深刻なものとなることが予測されている（図序-4）。一方で，人間の仕事を AI が担うなど，これまでの職業，業務の在り方も急速に変化し，労働力の活用そのものの見直しがなされていくことになる。昨今の情報化や産業構造の変化，グローバル化，競争化によって人間の働き方，職場環境，ライフスタイルは，今後も大きな影響を受けていくだろう。

　こうした産業社会におけるうねりの中で，変化していく人間の心理もあれば，普遍的法則や理論に裏づけられる変わらない人間の心理もあると考えられる。いずれにおいても，産業場面における人間理解，心理学的メカニズムの解明において，産業・組織心理学の社会的意義は大きく，今後，研究的，実践的なニーズは一層高まっていくと推測される。

　これからの学習者，研究者，実務家は，それぞれの立場で，現実の産業活動場面から離れることなく，今ここで，新たに生じている問題は何か，その解決

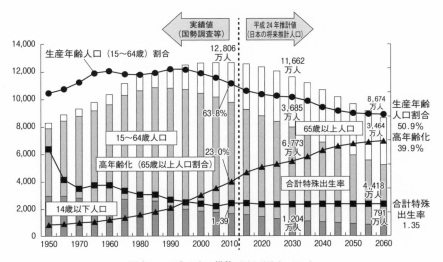

**図序-4　日本の人口推移**（厚生労働省，2016）

注）平成 28 年版 厚生労働白書より転載（資料：総務省「国勢調査」，国立社会保障・人口問題研究所「日本の将来推計人口（平成 24 年 1 月推計）：出生中位・死亡中位推計」（各年 10 月 1 日現在人口），厚生労働省政策統括官付人口動態・保健社会統計室「人口動態統計」）

に向けて心理学的に何ができるかという視点を持ち続けることが肝要であろう。そのうえで，これまでの産業・組織心理学の知識体系を適用，検証し，必要に応じて改訂し，蓄積，発展に貢献していくことが期待される。

---

> **ワーク：産業・組織心理学に関連するトピックや身近な問題に目を向けてみよう！**
> (1) 最近，あなたが職場で体験した出来事や身近な人から見聞きした産業・組織に関連する話題，メディアの報道や社会的な問題などの中から，関心のあるものをいくつか挙げてみましょう。箇条書きやキーワード，文章など，どのような形式でも構いません。
> (2) あなたが（1）で挙げたものについて，本書の目次や索引を参考に，産業・組織心理学のどの分野と関連するテーマであるかを確認してみましょう。
> (3) 関連する章を読んだ後，あなたが新たに知ったこと，考えたことなどについて，まとめてみましょう。

---

■ 引用・参考文献

馬場昌雄（1983）．組織行動 第2版　白桃書房

馬場昌雄（2017）．産業・組織心理学：定義と歴史　馬場昌雄・馬場房子・岡村一成（監修）　産業・組織心理学 改訂版（pp.1-20）　白桃書房

橋本 勲（1967）．広告論の成立（1）　経済論叢，*99*，438-453.

今林宏典（1995）．人間関係論から組織行動論への橋渡し的役割―経営管理思想史への位置づけ：William Foote Whyte の所論を中心に―　社会情報学研究，*1*，75-89.

金井篤子（2019）．産業・組織心理学とは　金井篤子（編）　産業・組織心理学講座　第1巻　産業・組織心理学を学ぶ（pp.1-12）　北大路書房

Katz, D., & Kahn, R. L. (1966). *The social psychology of organizations*. New York: John Wiley & Sons.

公益社団法人 日本心理学会　https://psych.or.jp/

厚生労働省（2016）．平成28年版 厚生労働白書

松原敏浩（2008）．入門 経営組織心理学　若林満（監修）　経営組織心理学（pp.3-20）　ナカニシヤ出版

大橋昭一・竹林浩志（2008）．ホーソン実験の研究―人間尊重的経営の源流を探る　同文舘出版

産業・組織心理学会　http://www.jaiop.jp/summary

佐々木土師二（1996）．産業心理学への招待　有斐閣

鈴木裕子（2019）．特論2 産業・組織心理学史　外島 裕（監修）　産業・組織心理学エッセンシャルズ　第4版（pp.299-287）　ナカニシヤ出版

高橋 修（2013）．産業・組織心理学とは　高橋 修（編著）　社会人のための産業・組織心理学入門（pp.1-16）　産業能率大学出版部

Taylor, F. W. (1911). *The principles of scientific management*. New York: Harper & Brothers.（上野陽一（訳・編）（1969）．科学的管理法　学校法人産業能率短期大学出版部）

Taylor, F. W. (2006). *The principles of scientific management*. New York: Cosimo.（有賀裕子（2009）．新訳 科学的管理法―マネジメントの原点　ダイヤモンド社）

# 第Ⅰ部　組織行動

|||||||||||||||||||||||||||||||||||||||||||||||||

人はどうして働くのだろうか。そして，組織の中で人と人はどのように関わり合うのだろうか。

　ここでは，組織の中で働く人の心の動きを探り，またその中で人と人との関わり合いについて理解する。

# 1

## ワークモチベーション

　人はなぜ働くのか……。仕事に対する意欲や活力というのは一体どこから湧いてくるのか……。本章では，仕事に対する動機づけである「ワークモチベーション」のさまざまな理論を紹介し，ワークモチベーションの理論的展開を追いながら，人が仕事に向かうときの心のメカニズムについて理解を深めていく。

## 1. ワークモチベーション

### (1) 動機づけとワークモチベーション

　何かの目標や報酬などに向かって行動を生起させ，その行動を維持させるという一連の過程や機能を**動機づけ**（motivation）という。この動機づけは，何を目標にしてどのような行動をするのかという「方向性」，どの程度の熱心さで行動をするかという「強度」，どの程度継続して行動し続けるかという「持続性」の3つの側面から捉えることができる。そして，動機づけの中でも特に働くことや仕事に関わる動機づけを**ワークモチベーション**（work motivation）という。つまり，ワークモチベーションとは，人を働くことに方向づけて，働くことに駆り立て，働くことを維持させる過程や機能である。

### (2) ワークモチベーションの特徴

　ワークモチベーションは基本的に経済的動機，社会的動機，自己実現動機の3つに大別することができる（佐々木，1996）。経済的動機とは，「日々の生活に必要な収入を稼ぐため」，「将来，家族が増えたときや老後に備えて貯蓄をつくるため」，「自分の趣味に使うお金を得るため」などといった，収入などの経済的な側面に関わる動機である。社会的動機とは，社会や人とのつながりに関係するようなもので，たとえば「社会に出て，多くの人と出会うため」，「社会

人として，社会とのつながりを持つため」などといった，社会的な側面に関わる動機である。最後に自己実現動機とは，「世の中に役立つ人間になるため」，「社会的に高い地位につくため」，「自身の専門性やスキルを高めるため」などといった，自身の目標や成長などの自己実現に関わる動機である。

　個人や状況によって経済的動機，社会的動機，自己実現動機の重要度はさまざまである。換言すれば，個人そして時と場合によって重要なワークモチベーションの内容と強度は異なるということである。したがって，労働者1人ひとりのワークモチベーションを考える際には，個別性という視点を忘れてはならない。

　また，ワークモチベーションは仕事の成果にも関わる。能力を A（ability），動機づけをM（motivation），機会をO（opportunities）とした場合，仕事の成果（P：performance）は，P＝$f$（A×M×O）という式で表現される（AMO 理論；Appelbaum et al., 2000）。つまり，仕事の成果は，仕事を遂行する能力とワークモチベーション，そしてそれらを発揮できる機会が十分に備わったときに高くなると考えられている。もちろんこの式は絶対的なものではないが，仕事の成果に影響を与える要因としてワークモチベーションが重要であるということがうかがえる。

## 2. ワークモチベーションに関わる初期の研究

### （1）科学的管理法

　ワークモチベーションに関しては，20 世紀初頭から現在までさまざまな理論が展開されている。そして種々のワークモチベーションの理論は，産業・組織心理学と共に発展を遂げてきた。テイラー（Taylor, 1911）による**科学的管理法**は，ワークモチベーションのみならず，産業・組織心理学の歴史においても重要な研究としてまず挙げられる（序章参照）。テイラーの科学的管理法以前では，労務管理などは現場の作業員やその集団によって独自に運営されており，作業の方法は口伝えや経験などによって習得されていくものであった。現場の作業員の経験や知識に基づいて，仕事がなされていたのである。そのような状況の中，テイラーはある決まりに基づいて合理的に仕事を設計するという

新しい労務管理を提案した。それが科学的管理法である。科学的管理法という新しい労務管理の方法によって，仕事をコントロールし，仕事の能率を高めようとしたのである。

　科学的管理法では，まず「公平な1日の出来高」が設定される。これは熟練作業者の1日の仕事量をもとに，1日の標準的な仕事量を割り出したものである。要するに，1人の作業員の1日のノルマである。次に「標準作業方法」が設定される。これはある作業を分析し，その作業の不要なやり方を排除し，必要なやり方だけを抽出するという方法で設定される。つまり，標準作業方法とは極めて合理化された，ある作業の一定のやり方である。さらに，公平な1日の出来高を標準作業方法で行う場合に，どれくらいの時間がかかるかという「標準作業時間」が算定される。科学的管理法ではこれらをもとに労務管理を行った。すなわち，公平な1日の仕事量を，標準作業方法で，標準作業時間内に，どれだけ達成したかによって賃金を決定するという方法で労務管理を行ったのである。

　この科学的管理法は多くの経営者に影響を与えることとなった。実際に作業の合理化に役立ち，近代産業に大きく貢献しただけでなく，合理的評価に基づく賃金体系の基礎になったなどの功績を残した。しかしながら，批判も大きかった。標準化された方法で作業効率を高め，収入を増やすということがワークモチベーションにつながるという発想は，人間を道具・機械扱いしているとされ，個人の能力や疲労を無視しているなどの問題点があった。また，多くの場合，作業員の創造性などを発揮する機会も失われるため，熟練者や優秀な管理者が育たないなどといった指摘もなされた。

## (2) ホーソン研究

　**ホーソン研究**とは，1924〜1932年にかけて，電話機メーカーのウエスタン・エレクトリック社のホーソン工場で実施された一連の研究である（e.g., Mayo, 1933; Roethlisberger & Dickson, 1939）（序章参照）。

　はじめに行われた実験は，照明の明るさの違いが作業能率に影響を及ぼすかどうかを検討したものであった（1924〜1927年）。作業条件の良い環境で作業能率が高まると仮定されたが，照明の明るさと作業能率の間に関連はみられず，

実験を実施するごとに自然と作業能率は高くなっていた。このような結果を受け，メイヨー（Mayo, G. E.）とレスリスバーガー（Roethlisberger, F. J.）らによって，リレー組み立て作業テスト室の実験や雲母剥ぎ取り作業室の実験など，さまざまな労働条件の下で，生産性についての検討が行われた（1927〜1932年）。しかし，労働条件と作業能率や生産性との間には関連がみられず，むしろ作業能率や生産性の向上には，従業員の態度や人間関係が影響している可能性が示された。

　そこで，管理監督者の育成と実験結果の原因を探るために，従業員面接調査が行われた（1928〜1931年）。面接は，作業や監督，職務などについて従業員に自由に語ってもらうという方法で実施された。その結果，仕事上のある事柄に関する事実よりも，それに対する感じ方や思いが従業員の行動を左右していることが明らかとなった。さらに，そのような感じ方や思いの違いは人間関係やリーダシップが影響している可能性が示唆されたのである。また，従業員面接は，面接をするだけで従業員に心理的満足を生み出すこともあり，労働運動対策としても有効であった。そのため，その後ホーソン工場では，1936〜1955年まで大規模な従業員カウンセリングが実施された。これは今日の人事相談の先駆けとなる取り組みでもあった。

　従業員面接の結果を受け，1931〜1932年にかけて，配電盤電線巻き作業の観察実験が行われた。この実験からは，従業員の中に，会社組織の公式なグループ（**formal group：公式集団**）とは別に，非公式なグループ（**informal group：非公式集団**）が形成されており，そこにはリーダーが存在することが見出された。また，非公式集団には仲間内のルール（暗黙のルール）があり，これらの要因がワークモチベーションに影響を与えていることが示唆されたのである。ホーソン研究は，作業能率や生産性において，さまざまな物理的・経済的な労働条件以外に，職場の人間関係に由来する情緒的要素が与える影響の重要性を示したものとなった。

　ホーソン研究によって得られた一連の結果から，産業・組織において人間関係が大変に注目されるようになった。またこれは，ワークモチベーションに対する人間関係の重要性を最初に指摘した研究であったといえよう。その後，このような視点は**人間関係論**として発展し，行動科学の出発点ともなった。ホー

ソン研究は研究手法や結果の解釈に対して批判が多くあったものの，組織管理の在り方について人間性を重視する方向へと変化させたとして，現在でも高く評価されている。

## 3. 内容理論

### (1) 欲求階層説

　動機づけに関する古典的な理論としてまず発展していったものは**内容理論**である。内容理論とは，動機づけの程度やそれに伴う行動の違いを欲求の強さやその種類の違い，つまり動機の内容によって説明するものである。この内容理論で代表的な最初の研究は，マズローの**欲求階層説**である（Maslow, 1954）。マズローは，人間の欲求を低次なものから高次のものまで5つの欲求に分類した（図1-1）。すなわち，空腹や渇き，性などの生存に関わる「生理的欲求」，恐怖や不安からの回避，安全な生活などに関わる「安全・安定の欲求」，他者からの愛情や集団からの受容などに関わる「愛情・所属の欲求」，他者からの承認や信頼などに関わる「尊敬欲求」，達成や成長，自律などに関わる「自己実現欲求」である。これらの欲求は階層をなしており，下位の欲求が満たされることによって，より上位の欲求が生じるようになるとされる。欲求階層説においては，自己実現欲求が最も高次な欲求であるとされ，成長動機と呼ばれる。一方，それ以外の欲求は低次な欲求とされ，各々の欠乏を解消するために人を動機づける欲求であることから欠乏動機と呼ばれる。

　マズローの欲求階層説をきっかけに現在までに多くの動機づけ理論が展開され，欲求階層説は動機づけ理論の発展に極めて重要な役割を果たした。しかし，

**図1-1　マズローの欲求階層説**（Maslow, 1954 を参考に作成）

欲求階層説は欲求の分類や欲求の階層間の関連性などについて批判も多く，実証的根拠にも乏しいことから，現在ではその妥当性に問題があるとされている。

## (2) ERG 理論

　マズローの欲求階層説を修正・整理し，実証的な研究に基づき構築されたのがアルダファの **ERG 理論**である（Alderfer, 1972）。ERG 理論では，欲求を衣食住など生存に必要なものに関わる「生存欲求（existence）」，人間関係の維持や発展に関わる「関係欲求（relatedness）」，自己の成長に関わる「成長欲求（growth）」に分類した。

　マズローの欲求階層説では各欲求が段階的に活性化すると考えられているが，ERG 理論では高次の欲求と低次の欲求が同時に生じたり，高次から低次に移行したりすることがあるとされる。また，欲求階層説では低次の欲求の充足が高次の欲求が出現する前提条件となっているが，ERG 理論では，高次の欲求が満たされない場合に下位の欲求が活性化すると考えられている。なお，ERG 理論においても実証的な根拠は不十分である。

## (3) XY 理論

　マズローの欲求階層説を組織における目標達成や管理，人的マネジメントに応用したものがマグレガーの **XY 理論**である（McGregor, 1960）。マグレガーは管理者が働く人の欲求をみる際にはX理論とY理論の2種類があるとした。

　X理論では，人は怠惰で生まれつき仕事が嫌いである。そのため，人を働かせるためには，統制したり，命令したり，罰を用いたりする必要がある。そして，そもそも人は命令・指示されることの方が好きで責任を回避したがり，野心を持たず，何より安心や現状維持を求めているとされる。このように人を捉えると，人を働くことに動機づけるためには，外部からの刺激によって統制・管理しなければならないことになる。

　一方，Y理論では，人は本来的に成長を望んでおり，働くことは人として自然な営みであると考えられている。人は目標が大切であると感じると創意工夫をこらすという能力が備わっているとされ，人は強制や罰を用いなくても働き，時には責任を負って働くこともあるとされる。

　マグレガーは，X理論は古い考え方で不適切なアプローチだとし，Y理論の見方で人的マネジメントを行うことが適切であると強調している。マズローの欲求階層説を基礎としていることもあり，X理論・Y理論は共に実証性に問題は残るが，個人の欲求理論を組織レベルに拡大したという点でワークモチベーションにも示唆を与える大変意義のある研究となった。

## (4)　達成動機理論

　**達成動機**とは問題を克服したり，権力を行使したり，課題や目標を高い水準で達成したりしようとする意欲のことである。この達成動機に関わる代表的な理論がマクレランドの**達成動機理論**である（McClelland, 1961）。マクレランドはワークモチベーションに影響を及ぼす動機として，ある目標を高いレベルで達成したいと望む「達成欲求」，自身の影響力を行使し，他者のコントロールを求める「支配欲求」，他者との親密な人間関係を求める「親和欲求」を挙げた。達成欲求の高い人材が多ければ，組織目標も高まり，生産性の向上も期待されるが，マクレランドは実際にはそのような人材は非常に少ないと指摘している。また，達成欲求，支配欲求，親和欲求の重要性は文化や経済状況に影響を受けると考えられており，それぞれの欲求の強度は地域によって異なる傾向があることが示されている。

## (5)　動機づけ−衛生要因理論

　ハーズバーグの**動機づけ−衛生要因理論**は，ピッツバーグの会計士と技師を対象とした職務満足感に関する調査から導き出されたものである（Herzberg, 1966）。この調査からハーズバーグは，職務満足感を「動機づけ要因」と「衛生要因」から捉えた。まず，動機づけ要因とは，積極的に仕事の動機づけに影響を与える要因である。達成，承認，仕事そのもの，責任，昇進，成長の可能性といった職務に関連するものである。他方，衛生要因とは，仕事での不満を防止する機能を持つ要因である。監督，会社の政策・経営，給与，対人関係，作業条件，対人関係，身分，職務保証，個人生活といった職務遂行時の状況や環境に関連するものである。

　一般的に，不満足と満足は両極にあるものと考えらえるが，動機づけ−衛生

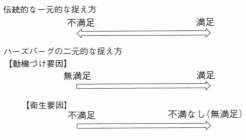

**図 1-2　満足と不満足の捉え方の差異**

要因理論では，満足と不満足を生み出す要因は質的に異なっており，2つを独立した要因ととらえている（図1-2）。衛生要因が満たされ，職場の不満がなくなった場合は，それはあくまでも不満がない状態（無満足）であり，満足感が増えているということではない。満足の状態を目指すためには，動機づけ要因が積極的に満たされなければならないのである。ハーズバーグによれば，動機づけ要因を追求する者は，課題達成によって持続的に満足感が得られるため精神的健康は向上し，一方，衛生要因を追求する者は満足感が持続せず慢性的な不満がつのるため，精神的に不健康になると考えられている。したがって，精神的健康，そしてワークモチベーションを高めるためには，仕事を行う環境を整備するだけでなく，仕事そのものから得られる充実感や評価などが大変に重要であるということが示唆される。

　ただし，その後の研究で，動機づけ要因が衛生要因に転化してしまう場合があることが示されるなど，ハーズバーグの研究の方法論や結果に対して数多くの批判がなされている。しかし，近年ではハーズバーグの理論を支持する知見もあり，今後の詳細な検討が期待される。

## (6) 外発的動機づけ・内発的動機づけ

　マレーは動機づけを「**外発的動機づけ**」と「**内発的動機づけ**」に区分した（Murray, 1964）。外発的動機づけとは，何らかの課題を達成することで賃金や賞賛などといった外発的報酬が与えられることから行動が生起する場合の動機づけである。活動と報酬の間に固有の結びつきはなく，報酬のために行動するということに関わる動機づけである。一方，内発的動機づけは，仕事など活動

すること自体が楽しみや面白さの原因となって自発的に行動をするような場合の動機づけである。人や動物は，本来活動的で環境と相互作用しながら自ら効果的・創造的に活動し，そのことに快感を覚え，その快感が報酬（内発的報酬）となって行動していくとされる。つまり，内発的動機づけによって生起している行動は，賞罰に依存するわけではなく，その行動自体が目的となっているのである（第5章参照）。

外発的動機づけと内発的動機づけについては，内発的に動機づけられた行動は外発的報酬が意識されることによって急速に低減してしまう（Deci, 1975）などの知見が報告され，また，一般に内発的動機づけは創造性や自律性を高めると考えられていることから，これまで内発的動機づけの重要性が強調されてきた。しかしながら，内発的動機づけの存在や，外発的動機づけと内発的動機づけを区分する意義，それぞれの有用性などについて数多くの議論が交わされており，未だ研究者間で一致した見解は得られていない。

外発的動機づけと内発的動機づけの存在，特徴や優位性などについては議論の余地は残るものの，外発的動機づけ・内発的動機づけといった発想はワークモチベーションを考える際に有用であろう。たとえば，科学的管理法やX理論などは外発的動機づけの重要性を示唆するものであるし，Y理論や達成動機理論などは内発的動機づけと関わりの深いものである。ワークモチベーションへの介入を考える際には，外発的報酬と内発的報酬の観点を考慮しながら種々の理論をどのように運用するかを考えることが大切になるだろう。

## 4. プロセス理論

### （1）期待理論

内容理論は動機づけおよびワークモチベーションの全体的な傾向を把握する上では分かりやすい捉え方であったが，個人差があまり考慮されていないという問題も残った。ワークモチベーションやワークモチベーションに影響を与える要因は，個人やその個人が置かれている状況によっても変化するものである。そのような背景から**プロセス理論（過程理論）**というものが提唱されるようになった。プロセス理論とは，個人差を考慮に入れ，どのように行動が生起して，

維持され，終了するかというプロセスの観点から動機づけおよびワークモチベーションを説明するものである。期待理論，衡平理論，目標達成理論などが代表的なプロセス理論である。

　プロセス理論としてまず挙げられるのが，ヴルームの**期待理論**である（Vroom, 1964）。期待理論では，自分にとって満足できる結果が得られると期待できるときに，動機づけが高まり，行動が引き起こされると考えられている。ヴルームは，動機づけ（F: force）は「期待（E: expectancy）」，「誘意性（V: valance）」の積で表現できるとした（$F = \Sigma\ (E \times V)$）。期待とは行動することによってある結果がもたらされるであろうと感じている程度のことで，誘意性とはその結果の価値や魅力についての予測を指す。また，結果によって二次的結果がもたらされるが，二次的結果がもたらされるであろうと感じている程度は「道具性（I: instrumentality）」と呼ばれる（図 1-3）。なお，結果の誘意性は道具性と二次的結果の誘意性（V'）の積で表現される（$V = \Sigma\ (I \times V')$）。つまり，行動すればある程度の結果が得られそうで，その結果が二次的結果に結びつきそうであるという場合に動機づけが高まるということを示している。逆にいずれかが欠けてしまうと動機づけは低減して，行動が生起しにくくなってしまうということも意味している。

　その後，ヴルームの理論はポーターとローラーにより修正・精緻化された（Porter & Lawler, 1968）。基本的な考え方はヴルームの理論と同様であるが，複数の要因が追加されたモデルになっており，ヴルームの理論における結果と二次的結果を業績と報酬とし，主に認知的な要因により，業績が必ずしも報酬に結びつかない可能性を考慮している（図 1-4）。ポーターとローラーの期待理論のモデルでは，動機づけによって生じる努力の程度は，報酬の価値と，努力

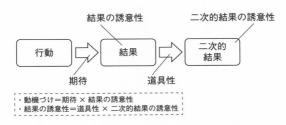

**図 1-3　ヴルームの期待理論**（Vroom, 1964 を参考に作成）

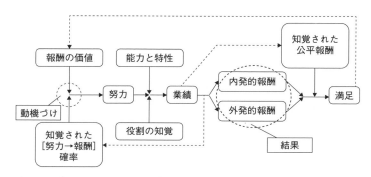

**図1-4　ポーターとローラーの期待理論**（Porter & Lawler, 1968 を参考に筆者作成）

がその報酬にどのくらい結びつくかと感じている程度（知覚された［努力→報酬］確率）の2つの要因で決まる。また，努力が業績に結びつくかどうかは，個人の能力や特性と，自身の役割の知覚の程度によって決まる。報酬（結果）は内発的報酬と外発的報酬に区分され，それらが満足につながっていくが，この満足は報酬が業績にふさわしいかどうか（知覚された公平報酬）によって変化する。なお，努力の程度に影響する報酬の価値と知覚された［努力→報酬］確率については，報酬の価値は満足によって規定され，知覚された［努力→報酬］確率は努力と報酬の結びつきの経験を通して決まる。したがって，ポーターとローラーの理論では，動機づけは努力から業績への期待と，業績から結果（報酬）への期待および結果の誘意性の積を掛け合わせたものとされる（動機づけ＝Σ ｛努力から業績への期待×Σ（業績から結果への期待×結果の誘意性)｝）。

　期待理論についてはいくつかの問題点も指摘されたが，多くの実証的な研究に発展していった理論である。動機づけやワークモチベーションを考える際にも有用な理論であり，近年でも新たな知見が積み上げられている。

## (2) 衡平理論

　職場などの集団・組織において，公正な取り扱いや公正な報酬が得られないなどの不公正な状況にある場合，人はそれを解消しようと動機づけられ，働き方などの行動が変化する。動機づけにおけるこのような感情や行動に関わる理論を**公正理論**という。この公正理論の中でも最も著名な理論がアダムズの**衡平**

**理論**である（Adams, 1965）。

　衡平理論では，報酬の分配において，他者と比較して自身が不公平な状況にあると認知すると，それを解消するために行動が生じるとされる。アダムズは，報酬を獲得するために投じたと自己が認知しているものを「投入」と呼んだ。投入されるものとしては，たとえば，時間，金，知識，労働力，地位，名誉，技能などである。また，投入の結果として得たと認知しているものを「成果」とした。たとえば，賃金，職務内容，労働条件，地位，達成感，信頼，人間関係などである。衡平理論では，自己の投入とそれに対して得られた結果の交換比率と，他者の投入とそれに対して得られた結果の交換比率とを比較することによって，自己と他者が公正に扱われているかを判断する。そしてそれが動機づけに影響を与えると考える（図 1-5）。自己に有利あるいは不利な状況のようなバランスが崩れている状態では，自分の得た成果，自分の投入，他者の得た成果，他者の投入のいずれかを変化させることで衡平さを回復しようと動機づけられる。しかし，職場などの集団・組織では，多くの場合，自身の投入を調整するという方法が，リスクが低く実行しやすいため，自身の投入を変化させることでバランスを回復しようとする。たとえば，自己が 4 時間勤務で 10,000 円の賃金が得られている（時給：2,500 円）時に，他者が 2 時間勤務で 10,000 円の賃金が得られている（時給：5,000 円）場合，他者に有利な状態である。このような場合，たとえば労働時間や労働力といった投入を減らし，衡平と感じられるように行動を変化させ，衡平な状態に近づけようとする。また，それ

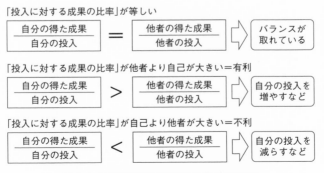

**図 1-5　衡平理論の報酬分配と動機づけの関係**

でもバランスが回復しない場合は，「あの人はベテランで成績も優秀だから時給が高いのは仕方がない」など他者に対する認知を変えて対処することもある。極端な場合は比較する他者を変えたり，比較している他者との相互作用をやめたりするといった行動が取られることもある。

## （3）目標設定理論

　ロックとレイサム（Locke & Latham, 1990）の**目標設定理論**では，困難で明確な目標が，課題達成への動機づけを高めるとされる。困難で明確な目標を設定することで，人の生産性が向上し，高い業績をあげることができると考えられている。

　抽象的な目標や簡単な目標よりも具体的で難易度が高い目標の方が，高い業績をあげることがこれまでの研究で確認されてきている。「前年度より売り上げUP」という目標よりも「今年度の利益目標は前年度＋1,000万円」という方が，動機づけが高まり業績も向上するのである。受け入れることができる範囲内の目標であれば，困難で明確な目標は，人を課題達成のために方向づける。そして人は目標に強くコミットしていく。同時に新しい方略や技術が模索され，学習が促進される。最終的にはこれらの作用によって，より効率的な課題達成が可能となるのである。

　また，目標を設定し，それを達成するということを繰り返すと，動機づけが促進されていく。このことはハイパフォーマンス・サイクルと呼ばれる。目標を達成することが評価となり，さらにそれが繰り返されるような組織では，このような観点からワークモチベーションを説明することが可能であろう。

　目標設定理論は数多くの実証研究によって支持されており，現在でも妥当性の極めて高い理論として広く知られている。

## 5. ワークモチベーションの諸理論

## （1）職務特性理論

　動機づけとワークモチベーションに関する研究では，内容理論やプロセス理論以外にもさまざまな理論が展開されている。その中でも，職務内容や仕事の

特性からワークモチベーションを論じたのが**職務特性理論**である（Hackman & Oldham, 1976）。ハックマンとオールダムは個人を内発的に動機づける可能性を持つ職務の特性を明らかにし，それに基づいて職務の充実や職務の診断・再設計を行おうとした。産業・組織における実践的な貢献を果たした理論であるといえる。

　職務特性理論では，「スキルの多様性」「課題の完結性」「課題の重要性」「自律性」「フィードバック」という 5 つの職務特性が，「意味のある仕事という自覚」「責任感の自覚」「職務活動の結果についての情報」という 3 つの臨界的心理状態をつくり出すとされる。具体的には，スキルの多様性，課題の完結性，課題の重要性が意味のある仕事という自覚を促し，自律性が責任感の自覚を促し，フィードバックが職務活動の結果についての情報を与えるとされる。そして最終的にこれらが個人に影響を与え，動機づけ，仕事の質（パフォーマンス），職務満足感を高め，欠勤や離職率を低下させると考えられている。なお，職務特性がワークモチベーションや仕事の成果に与える効果は成長欲求の程度によって変化すると指摘されている。

## (2) シャインの人間観

　シャイン（Schein, 1965, 1980）は，組織における従業員に対する管理者の考え方について，①「合理的経済」人，②「社会」人，③「自己実現」人，④「複雑」人の 4 つの**管理者の人間観**を提示した。そして，この人間観が①→④の順で変化してきたと論じている。

　「合理的経済」人は，組織や経済的刺激によって統制され，動機づけられる受け身の存在である。経済的な利益を最大化するように合理的に行動するとされる。「合理的経済」人の人間観は，テイラーの科学的管理法やマグレガーのX理論に関連するものであり，「合理的経済」人に対しては，外発的報酬によって働きかけることが重要となる。

　「社会」人はホーソン研究などが背景となっている人間観である。「社会」人は，組織への所属感や仲間との一体感，人間関係の中で受けいれられたり，好かれたり，認められたりしたいという欲求を重視する人である。「社会」人に対して，管理者は部下の欲求や感情に注意を払い，それらに共感し配慮するこ

とが求められる。そのため，「社会」人も外発的報酬による働きかけが有効であると考えられる。

　「自己実現」人の人間観では，従業員を仕事を通して自分の個性や能力を発揮し，創造的な仕事に取り組むことで自己の成長を求める存在であると捉える。マズローの欲求階層説，マグレガーのＹ理論，ハーズバーグの動機づけ－衛生要因理論などと深く関連している。管理者にとっては，いかにして部下にやりがいのある，意義のある仕事を与えるかということが重要になってくる。つまり，内的報酬が得られるようにすることが有用となるのである。管理者は部下を直接動機づけたり，統制したりする人であるよりも，部下の援助者であることが期待される。

　ここまで3つの人間観を提示したが，ワークモチベーションに影響を与える要因は，個人個人でその内容や強度，重要性が異なる。ライフサイクルに伴う変化や，その時々の環境の変化によっても影響を受けるであろう。したがって，現実的には「合理的経済」人，「社会」人，「自己実現」人のいずれかの人間観に個人を当てはめることは困難である。人間観はその時々によって変化するし，複数の人間観が重なり合う可能性もある。つまり，人は複雑な存在であり，多種多様な能力や欲求を持つ存在と捉えられる。このような人間観が「複雑」人である。シャインはワークモチベーションの多様性や個人差を認め，人は複雑な存在であると表現した。「複雑」人においては，外的報酬が重要である場合と内的報酬が重要である場合は状況に応じて変化するため，多面的な報酬が求められるのである。

　現代社会においては，働く環境は日々変化し，働き方も多様化している。ワークモチベーションに関する理論もそのような社会の変化に伴い発展を続けている。ワークモチベーションを説明する決定的な理論は未だ存在しない。重要なことは，これまでに積み上げられてきた種々の理論を援用し，時には複数の観点から，時には統合的な視点で自己や他者のワークモチベーションを理解することであろう。「今，この瞬間」の自己や他者にワークモチベーションのさまざまな理論を当てはめながら，仕事に向かう自分自身や周囲の人々の心を理解し，実際の仕事に役立てていくといった姿勢が大切なのかもしれない。

---

ワーク：自分自身のワークモチベーションを考える

(1) あなたはなぜ働くのか，その理由を複数考えてみましょう。
(2) 経済的動機，社会的動機，自己実現動機の中で，今のあなたにとって大切な動
　　機は何ですか。順番に挙げてみましょう。また，その理由も考えてみましょう。
(3) 今の自分が持つワークモチベーションを説明するのに適した理論はどれでし
　　ょうか。
(4) あらためて，あなたはどんなことを大切にして仕事をしていきたいか考えてみ
　　ましょう。
　　以上，詳しくは，ダウンロード資料（p. ii）を参照。

---

■ 引用文献 ───────────────────────────────

Adams, J. S. (1965). Inequity in social exchange. In L. Berkowitz (Ed.), *Advances in experimental social psychology*. Vol. 2. (pp. 267-299). New York: Academic Press.

Alderfer, C. P. (1972). *Existence, relatedness, and growth: Human needs in organizational settings*. New York: Free Press.

Appelbaum, E., Bailey, T., Berg, P., & Kalleberg, A. L. (2000). *Manufacturing advantage: Why high-performance work systems pay off*. Ithaca, NY: ILR Press.

Deci E. L. (1975). *Intrinsic motivation*. New York: Plenum Press.

Hackman, J. R., & Oldham, G. R. (1976). Motivation through the design of work: Test of a theory. *Organizational Behavior and Human Performance, 16*, 250-279.

Herzberg, F. (1966). *Work and the nature of man*. Cleveland: World Publishing.

Locke, E. A., & Latham, G. P. (1990). *A theory of goal setting and task performance*. Englewood Cliffs: Prentice Hall.

Maslow, A. H. (1954). *Motivation and personality*. New York: Harper & Row.

Mayo, G. E. (1933). *The human problems of an industrial civilization*. New York: Macmillan.

McClelland, D. C. (1961). *The achieving society*. Princeton: Van Nostrand.

McGregor, D. (1960). *The human side of enterprise*. New York: McGraw-Hill.

Murray, E. J. (1964). *Motivation and emotion*. Englewood Cliffs: Prentice-Hall.

Porter, L. W., & Lawler, III, E. E. (1968). *Managerial attitudes and performance*. Homewood. Illinois: R. D. Irbin.

Roethlisberger, F. J., & Dickson, W. J. (1939). *Management and worker*. Cambridge: Harvard University Press.

佐々木土師二 (1996). ワークモチベーション―労働の心理学―　佐々木土師二 (編)　産業心理学への招待 (pp. 17-64) 有斐閣

Schein, E. H. (1965). *Organizational psychology*. Englewood Cliffs: Prentice-Hall.

Schein, E. H. (1980). *Organizational psychology* (3rd ed.). Englewood Cliffs: Prentice-Hall.

Taylor, F. W. (1911). *Scientific management*. New York: Harper.

Vroom, V. H. (1964). *Work and motivation*. New York: John Wiley & Sons.

# 2

## 組織におけるチームワーク

　この章では，組織の根幹を担うチームワークやグループ・ダイナミックスについて学習する。**グループ・ダイナミックス**（集団力学）を含む**チームワーク**とは，集団の持つ基本的な特徴や，集団と個人，集団と集団，さらには組織と集団の関係性について，その法則などを検討していく社会科学の一分野である。社会が複雑になるにつれ，知識は細分化し，さまざまな専門や価値観を有する人々が連携しなければ組織は生き残れない。医療分野でいえば，心理学的知識を有する専門家は，医師や看護師，そして幅広い公的機関所属の専門家と協力しなければ，クライアントのニーズに高いレベルでの対応が難しい。そのため，専門的知識を磨くと同時に，他者と働く技術，いわゆるチームワークを十分に理解して実践できることが重要である。この章では，グループ・ダイナミックス，チームワーク，組織文化や風土など，チームに関わるさまざまな概念を学習し，共同作業のメカニズムについての理解を深める。

## 1. 集団意思決定

　我々は，買い物などの日常的な場面から進路などの人生を左右する場面に至るまで，日々さまざまな選択に迫られている。このような意思決定は，個人で行うものだけとは限らない。会議に代表されるように，集団のメンバーが集団全体の方針を定めるべく，意見交換しながら意思決定を行うことも多い。この**集団意思決定**（group-decision making）の重要性をたとえる表現として，「三人寄れば文殊の知恵」というものをよく耳にするのではないだろうか。これは，一般的な人であっても，複数人が集まってそれぞれの知識や考えを持ち寄れば，文殊菩薩（知恵を司る仏）のような優れたアイディアが浮かぶことを表す言葉である。これまで，集団意思決定に関する研究が数多く実施されてきた。たと

えば，オズボーン（Osborn, 1953）は，**ブレインストーミング**（brainstorming）という集団での議論テクニックを開発している。このブレインストーミングは，以下の4原則を基本とする。

①量を重視する

②批判を控える

③妄想を歓迎する

④アイディアを組み合わせて改善する

　オズボーン（1953）は，これらの原則によって他者からの評価懸念や同調圧力が取り除かれ，社会的促進が生じることによって集団メンバーの創造性の向上が期待できるとしている。ところが，その後の実証研究において，この主張を十分に支持するような知見は得られていない。

　ディエルとストローブ（Diehl & Stroebe, 1987）は，ブレインストーミングを実施しても創造性が向上しない理由として，集団での議論中は1人ずつ話すことしかできないため，他人の発言を待つことで自分の発言や思考が妨げられる可能性があることを示している。これは，生産性のブロッキングと呼ばれる。また，スタサーとタイタス（Stasser & Titus, 1985）は，隠されたプロフィール（hidden profile）という実験パラダイムを用いて，集団意思決定を行う際に，メンバー間で共有されていない情報よりも共有されている情報を使用するバイアスが存在することを明らかにした。すなわち，情報共有は以前から持っていた情報に依拠して行われる傾向があるものと考えられる。このように，集団意思決定は，「三人寄れば文殊の知恵」の考えとは相反して，必ずしも的確な意思決定が行われるとは限らないことが多角的に主張されてきた。

　実際，集団メンバーが議論を行っても，常に賛成・反対の意見が集約されて中立的な結論に落ち着くわけではない。むしろ，議論を通して集団意思決定が個々人のもともとの意見よりも極端な方向へ偏っていくことがある。これは，**集団極性化**（group polarization）と呼ばれる現象（Moscovici & Zavalloni, 1969）で，よりリスクのある意思決定へと偏るリスキー・シフト（risky shift）と，より慎重な意思決定へと偏るコーシャス・シフト（cautious shift）を合わせたものとして捉えることができる。この点に関連して，マイヤーとビショップ（Myers & Bishop, 1970）は，人種問題などの偏見においても，態度の類似

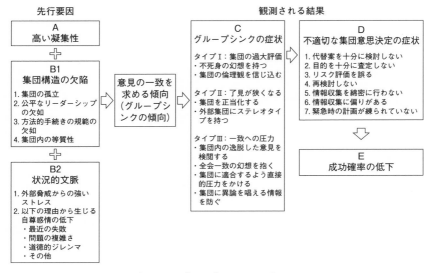

**図2-1　ジャニスのグループシンク・モデル**（Janis, 1982）

しているメンバーが議論することで既存の態度が強まる傾向を示した。すなわ
ち，偏見の強い人たちは議論することでさらに偏見を持つようになるのに対し
て，偏見の少ない人たちは議論することでさらに寛容になる可能性が高くなる
ものと考えられる。

　集団極性化とは異なる不的確な集団意思決定として，**グループシンク**
（groupthink）が知られている。これは，集団思考や集団浅慮などとも訳され，
集団内で意見の一致を保つために不適切な集団意思決定を下すことを意味する
（Janis, 1972）。ジャニス（Janis, 1982）は，国家レベルでグループシンクが生
じていたと考えられる事例を集め，その特徴や原因をまとめている。事例とし
ては，ピッグス湾事件におけるアメリカ軍の上陸作戦の失敗や，真珠湾攻撃に
おけるアメリカ軍の日本軍軽視などが挙げられる。またジャニス（1982）は，
図2-1のようにグループシンクの原因や症状をまとめてモデル化している。こ
のグループシンク・モデルによれば，3種類の先行要因によってグループシン
クの傾向が生じ，それによってグループシンクの症状や不適切な集団意思決定
の症状が見られるようになり，結果として成功確率の低下を引き起こすという。

# **2.** チームワーク

　我々人間の社会活動の多くは集団や組織などといった複数人からなるまとまりを基盤に営まれている。そのような集まりの形態の１つに**チーム**がある。コズロスキーとイルジェン（Kozlowski & Ilgen, 2006）によれば，チームは以下の特徴によって定義づけられる。

　①２人以上の個人からなること

　②社会的相互作用があること

　③１つ以上の共通目標を有すること

　④組織的なタスク遂行のために集められていること

　⑤ワークフロー，目標，アウトカムに相互依存性があること

　⑥異なる役割と責任を持つこと

　⑦包括的な組織システムに組み込まれていること


## （1）集団の生産性

　厳しさを増す経営環境のもと，チームによる業務遂行の高品質化・効率化が重要課題として再認識されるようになって久しい（山口，2003）。それに伴って，単なる人々の集まりである「烏合の衆」とは対極をなすような，優れたチーム・パフォーマンスを実現することが従来以上に求められるようになっている。チーム・パフォーマンスは，チーム目標に沿った成果や業績の達成（e.g., 売り上げ，顧客満足度，エラーの減少など）を指す。これまでのチーム研究においても，チーム・パフォーマンスをいかに高めるかが焦点となって議論が行われてきた。

　チームの **IPO**（input - process - output）モデル（Hackman, 1987; McGrath, 1964）は，そのフレームワークを示した代表的な知見といえる。図 2-2 に表すように，IPO モデルは諸々の要因がチーム・パフォーマンスへと結実する影響過程をまとめたものである。インプット要因（input）には，メンバー個々人の特性やチーム自体の特性，取り巻く文脈や環境などといった，チーム・プロセスに影響を与え得る要因が含まれる。プロセス要因（process）は，インプット

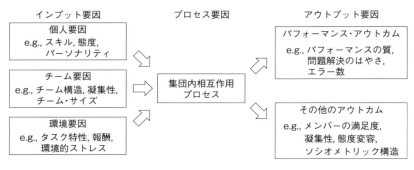

図 2-2　IPO モデルのフレームワーク（Hackman, 1987）

図 2-3　IMOI モデルの基本的考え方（Ilgen et al., 2005）

要因とアウトプット要因を媒介する要因であり，コミュニケーションや協調などの行動的相互作用が含まれる。プロセス要因の結果として生じるアウトプット要因（output）は，基本的に課題遂行や目標達成などのチーム・パフォーマンスを指すものの，メンバーの満足度やチームの存続可能性などといったその他のアウトカムも含む。このように，IPO モデルでは，メンバー，チーム，環境などの諸特徴が，相互作用プロセスを経て，さまざまな成果へと転換されるものと考えられている。なお，プロセス要因については（2）チームワークの構成要素にて詳述する。

　しかしながら，IPO モデルは複雑なチーム・ダイナミックスを十分に捉えられていないという指摘もある（Forsyth, 2010）。たとえば，IPO モデルは一過性の影響過程を説明するのみであり，アウトプット要因がインプット要因へとループする可能性などについては触れられていない。また，インプット要因とアウトプット要因を結ぶものとしてプロセス要因，すなわち行動的側面が位置づけられているが，媒介するものとしては，凝集性などの感情的側面やメンタルモデルなどの認知的側面なども考えられる。これらを踏まえて，イルジェンら（Ilgen et al., 2005）は，IPO モデルを図 2-3 のような IMOI（input -

mediator - output - input）**モデル**として拡張した。IMOI モデルは，インプット要因とアウトプット要因を結ぶものとして，より広範な要因を想定しているだけでなく，過去のアウトプットが次のインプットへと影響する因果的サイクルを考慮している点が大きな特徴といえる。なお，媒介要因については，感情的側面（affect），行動的側面（behavior），認知的側面（cognition）の頭文字を取って，ABCs として分類されることもある。特に，認知的側面については，チームレベルで現れる認知活動全般が**チーム認知**（team cognition）として概念化されている。デチャーチとメスマー・マグナス（DeChurch & Mesmer-Magnus, 2010）は，チーム認知は感情的側面や行動的側面よりもチーム・パフォーマンスに強い影響を与えることを主張しており，実際，近年のチーム研究において注目され，盛んに議論が行われている。

## （2）　チームワークの構成要素

　ここでは，チームワークの構成要素において重要なチーム構造の根幹をなす**役割**，**相互依存構造**，**相互作用プロセス**について説明する。特に相互作用プロセスについては，感情的側面，行動的側面，認知的側面に分け，それぞれがチームワークにおいて持つ役割について説明する。

### ①役　　割

　チームプロジェクト推進のために，組織は業務や役割分担を設定しなければならない。各メンバーを異なる担当に振り分け，誰が何を行うかを明確にする。このメンバーの役割が明確でない場合，チームワークは低下する傾向にある（Salas et al., 2007）。

　チーム運営を行う際，メンバーは組織に与えられた公式な役割と，作業を行う際に必要と感じて行う非公式な役割の両方を担わなければならない。音楽の四重奏でいえば，バイオリン二人，ビオラ，チェロなどがプロジェクトの基礎となる公式な役割であり，各メンバーは担当の役割に最大の努力を行うことが期待される。公式な役割の特徴は作業内容が明確であることから，誰がどの作業を担うか理解し易い。しかし，チーム運営は公式な役割だけでは不十分であり，すべての必要な役割を前もって想定することが難しい。作業を進めるうえ

で，メンバーが必要と感じた非公式な作業を自発的に担い，チームを運営しなければならない。

非公式な役割は業務と関係重視に分類され（Mumford et al., 2008; Stewart et al., 2005），メンバーがそれぞれの役割を果たすことでチームの業績が向上する。**業務に対する役割**は，仕事の組み立て，業務の連携，関連情報の共有などで構成され，**関係重視に対する役割**は，働きやすい環境の整備，感情や気持ちへの着目，他者の意見へ耳を貸すなどの行動が含まれる。

## ②相互依存構造

チームワークが個人作業と顕著に異なる点は相互依存構造にある。個人作業と比べ，チームのプロジェクトは情報共有，作業の連携，補助などさまざまなメンバー間での行動を必要とする。逆にいえば，メンバーが1人で達成できる業務で集団を構成しても，メンバーは相互依存の関係ではないためチームとして機能し難い。

相互依存は業務とゴールの2種類に分類される（Wageman, 1995）。**業務に対する相互依存**は，メンバーが仕事を行う際に他のメンバーの作業や情報を必要とする程度である。たとえば，工場の流れ作業では，前の人が作業を終わらせなければ次の人は仕事を始められないため，相互依存の関係である。2つ目の**ゴールにおける相互依存**は，メンバー個人の報酬がチーム業績に左右される程度である。報酬が個人の売り上げで決まる営業職では，ゴール相互依存度合いが非常に低い。一方で，個人報酬がチームの業績と連動している職種では，チームのゴール相互依存は高いと考えられる。

メンバーの行動は相互依存構造に大きな影響を受けるため，チームの業務とゴール相互依存が合致しなければメンバーの満足度や業績が低下してしまう。たとえば，個人作業を進めるために他のメンバーの協力が必要にもかかわらず，報酬が個人作業だけで決められてしまう場合，他者への作業支援よりも自分の担当作業を優先してしまう。一方で，業務もゴールも相互依存が高い状態のチームでは，個人業務以外にメンバーの支援なども業績評価に反映されるため，他者を支援しやすい（Van der Vegt et al., 2001）。

### ③相互作用プロセス

　メンバーが自分の役割を果たすだけではチームワークは成り立たない。各メンバーが担当作業を進め，情報共有，協力，議論，そして連携を行うことで，烏合の衆が高度な集団機能を持つチームへと変貌する。つまり，チームに課されたゴールを達成するために，互いに影響し合う相互作用プロセスが必要不可欠なのである。才能溢れるメンバーで構成されるチームも場合によっては平均的チームにさえ敗れてしまう。その理由は，メンバーが個人技に走ると相互作用の低下を招いてしまうからである。

　相互作用プロセスの重要性はチームの種類によって異なる。たとえば，野球とバスケットボールを比較すると，バスケットボールのチームの業務相互依存は野球よりも高いため，より高度な連携を必要とする。スワーブらは，チームを占めるスター選手率と勝率の関係を分析し，このことを証明した（Swaab et al., 2014）。野球では，スター選手がチーム全体を占める割合と勝率の関係は直線的な正比例であった。一方で，バスケットボールではスター選手率と勝率はあるところまでは正比例であるものの，それ以降は下降する。この理由は，野球の勝率が個人作業の達成度で決まることに対し，バスケットボールでは相互作業プロセスが勝敗により重要な役割を果たすためである。バスケットボールチームでスター選手がある一定数を超えると，個人技が増加し相互作用が困難となり，結果として勝率を下げてしまう。

　チームは非常に複雑であり，単純な個人能力の足し算ではチームの勝敗を予測しきれない。相互作用プロセスをいかに高めるかを考えなければ，チームを勝利へ導くことは不可能である。この相互作用プロセスを深く理解するために，プロセスの感情，行動，そして認知的側面をみてみよう。

### a）感情的側面

　たとえ厳しい局面に遭遇しても，チームメンバーは互いを鼓舞し，協力することでプロジェクトを成功させなければならない。過酷な状況下ではモチベーションの低下や不安の増加が起こりやすく，チームがバラバラになりやすい。しかし，一部のチームは一致団結して困難を乗り越えることができる。レヴィン（Lewin, 1948）は一致団結させる力に着目し，チームを引き裂く力に対して

メンバーをまとめ，チームを維持する社会的エネルギーを**凝集性**（cohesion）と命名した。

　予想通り，凝集性の高いチームは業績を達成する傾向にあることが多くの研究によって明らかにされた（Beal et al., 2003; Chiocchio & Essiembre, 2009）。しかし，凝集性と業績の因果関係には気をつけねばならない点がある。ミュレンとコッパー（Mullen & Copper, 1994）によると，過去の凝集性は現在の業績を高めることもあるが，過去の業績が現在の凝集性に対してより強い効果を与えるという。つまり，チームの過去の成功は現在の結束力を高めるが，過去の高い凝集性が必ずしも現在のチームの業績を高める保障はない。

**b）行動的側面**

　チームでは相互依存構造があるために，メンバー自身ですべてを決断して作業を行うわけにはいかない。会議で意見を戦わせ，担当作業をさぼるメンバーのお尻を叩き，互いの時間を調整して連携を図らなければならない。この過程においてさまざまな衝突や摩擦が起こってしまう。

　コンフリクトは，業務，プロセス，関係の3つに分類される（Jehn, 1994）。業務コンフリクトは，プロジェクトの内容や目指すべき方向に対しての，メンバーの意見や考え方に相違が存在する程度である。プロセス・コンフリクトは，作業の進め方，決まり事，また戦略や戦術に対して反対意見が起きる度合いを含み，関係性のコンフリクトは，個人の好み，価値観，または作業へのこだわりが異なる程度とされる。

　三種類のコンフリクトは，チームの業績，創造的業務，協調，そして業務に対する自信などを低下させることが明らかにされている（De Dreu & Weingart, 2003; de Wit et al., 2012; O'Neill et al., 2013）。しかし，複雑な問題を解決しなければならないチームでは，業務コンフリクトはチームの判断力を高める傾向にある（de Wit et al., 2012）。複雑な問題は一辺倒な考えでは解決できないため，メンバーの持つさまざまな情報や意見を吟味することで新たな考え方を模索する。その過程で業務コンフリクトが重要な役割を果たす。

## c）認知的側面

　チームが情報共有や連携を円滑に行ううえで，2つの認知プロセスが重要である。**共有メンタルモデル**（shared mental model: SMM）と**トランザクティブ・メモリー・システム**（transactive memory system: TMS）である。

　チーム結成当時は，方向性，仕事の進め方，役割分担などでさまざまな相違がメンバー間に存在する。しかしチームとして機能するために，メンバーはこれらの相違点を解消し，考え方を共有しなければならない。SMMとは，チーム全体で考え方を共有する度合いと理解することができる。SMMが発達したチームでは，メンバーが互いの好みや考えを理解し，次にどのような行動を起こすかが予測できる（Cannon-Bowers et al., 1993）。たとえば，消防隊が消火活動を行う際，状況は刻一刻と変化するため，作業の打ち合わせを逐一行っていたら消火や救助活動に遅れが生じる。しかし，長いこと活動を共にしてきた消防隊ではSMMが発達しているため，いつ誰が何を行い，どのタイミングで連携を行わなければならないかを，最小限の会話で互いに理解することができる。このようなチームでは，多くの会話がなくとも連携が可能なため高い業績を残すことができるのである（Mathieu et al., 2000）。

　複数のメンバーが円滑な情報共有を行うには，チーム内に存在する知識や情報の位置を把握する必要がある。TMS（Lewis, 2003）とは，誰が何の知識を持っているかを把握し，適切なメンバーと情報のやり取りを行う度合いである。メンバーは活動を行う過程でさまざまな情報に遭遇するため，個々の情報の精査が難しい。しかし，互いの得意とする領域を把握しているチームでは，各メンバーが自分の見聞きした情報を適切なメンバーと共有できるため，チーム全

表 2-1　SMM と TMS の特徴的まとめ

|  | SMM | TMS |
|---|---|---|
| 定義 | チーム内で，目的や仕事の進め方，役割分担や連携方法の同意が取れている状態。 | チームメンバーは，誰が何を知っているかを理解している状態。 |
| 常態 | 知識の共有 | 情報の分散 |
| 効果 | SMMが発達した結果，チームは互いの仕事の進め方の予想を立てやすくなり，暗黙の連携が可能となる。 | TMSが発達すると，メンバーは必要に応じて効率よく特定の情報を共有し，また特定のメンバーから情報取得もし易くなる。 |

体で膨大な情報処理を行うことが可能である。一方で，互いの得意分野を知らないチームでは，共有すべき情報も共有されずチームとして機能できない。実際に，TMS を発達させたチームは，高度な連携や情報共有を行うことで業績を高めることも確認されている（Hsu et al., 2012）。

## 3. 組織の枠組みづくり

　ここからは，多くの人々の関わりから構成される組織や企業を対象として，いかに集団の認識や心理状態が組織の行動を影響するかについて触れる。具体的には，組織の特徴や性格を表す**組織文化**（organizational culture）・**組織風土**（organizational climate），法令順守を表す**コンプライアンス**，組織内の構成要素を変える**組織変革**や**組織開発**について扱う。

### （1）組織文化・組織風土
　組織文化・組織風土という概念は，簡単にいえば組織の性格，雰囲気，あるいはカラーといった言葉で表現できる。学生でも社会人でも，就職活動をする（あるいはした）場面を想像してほしい。就職したい企業について，勤務地や給与，福利厚生，スキルアップのための制度の有無など，さまざまな事柄を調べるだろう。その中の 1 つに，企業の雰囲気も含まれるのではないだろうか。実際に企業の OB・OG を訪問したり，会社説明会やインターンシップに参加したりして，肌で雰囲気を感じ取ろうとする。組織構造（部門や部署の構造など）や戦略，制度といったハードな側面と対比させて，組織文化や組織風土はソフトな側面を捉えている。
　組織文化・組織風土という概念の定義はさまざまであるが，一般的には，組織に属するメンバーに共有された価値観などと理解される。ここでは，組織文化・組織風土という言葉を基本的に似た意味で使用するが，これまでの研究においてはそれぞれ異なる方法で捉えられてきた。たとえば，企業であれば「社風」，学校であれば「校風」という言葉で表現されるように，「風」は「風土」から来ている。組織風土は，このような組織の雰囲気として表される人の行動を捉えようとしてきた。一方組織文化は，組織文化の根幹をなす価値観を捉え

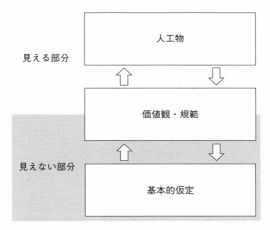

**図 2-4　組織文化のレベルと構成要素**（Schein, 1985 清水・浜田訳 1989 を参考に筆者作成）

ようと努めてきた。このような違いはあるが，ここでは両者をメンバーに共有
された価値観と理解する。

　組織文化の具体的内容を考える際，よく知られた研究にシャインの示した概
念図が挙げられる（Schein, 1990；Schein, 1985 清水・浜田訳 1989）。シャイ
ンは，人工物，価値観・規範，基本的仮定の3つのレベルがあるとしている。

　1つ目の**人工物**は，企業の中で組織文化が表れている観察可能な物質を指す。
たとえば，オフィスのレイアウトが挙げられる。主に島型と呼ばれる，互いの
机を向かい合わせて一つの島をつくるような配置の仕方がある。これに対し，
近年ではフリーアドレス制といった，各個人の座席が決められておらず，自由
に座席を選択できるレイアウトもみられる。また，カフェや個室のような，リ
ラックスできる空間を設置する場合もある。他にも，敬称の使い方，服装，専
門用語，研修などにも組織文化は表れる。

　2つ目の**価値観・規範**は，人工物を支える基本的な考え方や行動方針を表し
ている。たとえば，先のオフィスのレイアウトの例では，島型の配置はそれぞ
れの部署ごとに用いられることが多く，各部署での密なコミュニケーションや
調整を促す。一方フリーアドレス制では，部署を超えたさまざまな人々との交
流や，創造的な活動を促す。このように，オフィスのレイアウトには，その企

業がどのような価値観を持っているのかが表れる。また，ここでの規範は，組織の中で何が適切か，また不適切かを示した行動や態度を指す。これは，所属する組織の中で遵守すべき，標準的な行動の仕方や態度を意味する。規範が共有されていると，たとえば「この状況では誰でも自由に発言しても良い」「今は考えを表明する場面ではない」など，人の特定の行動を促したり，抑制したりする。こういったメンバーにある程度自覚された価値観や規範が表されている。

　3つ目の**基本的仮定**は，価値観・規範よりも深いレベルに存在する。組織メンバーも，普段は明白に自覚していないので，無意識に受け入れられている価値観や規範とも表せる。たとえば，誰から何も言われなくとも，メンバー間のコミュニケーションを緊密にする企業では，どの部署に行っても当たり前のように緊密なコミュニケーションが実践されているため，組織内部にいるとそれが企業特有のものだとは気づきにくい。

## (2) コンプライアンス（法令順守）

　コンプライアンスという言葉が叫ばれて久しいが，これは法律や規則を遵守しながら経営を行うことを意味する。たとえば，企業の財務を担当する人もしくは部署が，架空の利益を計上し，有価証券報告書に虚偽の記載をしたとする。この行為は，紛れもなく法令に違反しており，企業経営はもちろん，多様なステークホルダー（会社を経営する上で関わりがある人々や機関，たとえば従業員や顧客，自治体など）にも悪影響を与えることとなる。このような違法行為や不祥事を防止するために，コンプライアンス部門を設置したり，研修を実施したりする企業は多い。しかし，組織構造や制度の整備のみでは，必ずしも有効とはいえないだろう。

　先に説明した組織文化・風土との関連でみれば，違法行為や不祥事を防止するためには，根本的な価値観や規範を変える，あるいは浸透させることが重要である。仮に，法令に違反した行為を取っていても，企業内ではその行為を許容するような雰囲気があれば，部門や制度設計が行われたとしても，各個人の行動には反映されにくい。人は，社会的な活動の中では，根本的な価値観・規範を拠りどころとして行動するので，たとえば企業内では違法行為や不祥事を許容しないといった組織文化・風土を根付かせ，1人ひとりの思考や行動に落

とし込むことが重要である。ただし，次項で述べるように，組織文化・風土を変えることは容易にはできないと考えられているために，組織全体で取り組んでいかなければならない課題である。

## (3) 組織変革，組織開発

　組織変革とは，戦略，組織構造や組織文化など，組織の構成要素を新しくつくり直すことと表現できる。そして，組織の構成要素を変えるには，何かを変えようとする推進力が必要となる。すでに説明したコンプライアンスの例で考えると，虚偽記載といった重大な法令違反を犯した場合には，当該部署の人員を交代させるといった人材配置の変革や，新しい部署をつくるといった組織構造の変革などが行われるだろう。こうした，何かを変えようとする推進力によって，組織の構成要素を変化させる必要が生じる。

　組織変革を行うプロセスについて，レヴィン（Lewin, 1947）が示したプロセスはよく知られている。具体的には，変革を認識して変革意識を高め（氷結），新しい価値観や思考・行動様式を探り（変容），新しい価値観や思考・行動様式を定着させる（再氷結）という基本的なプロセスが示されている。

　しかしながら，組織変革の実践は基本的なプロセスをたどっていけば叶えられるほど容易には行えないのが実情である。実行に際して留意すべき点を挙げると，次のようなものが考えられる。まず，何を変革するかによって困難さが異なる。先に取り上げた組織文化は 1 つの例である。組織文化の構成要素は 3 つのレベルに分けられるが，人工物の例で挙げたオフィスのレイアウトは容易に変えられるだろう。また，価値観・規範も，目に見える経営ビジョンや理念，行動基準などとして掲げられていれば，比較的変化させやすい。それに対して，無意識の価値観・規範である基本的仮定は，メンバーからしても気づいていない部分であるため，すぐには変化させにくい。ただし，人工物にしても，価値観・規範にしても，根源にあるのは基本的仮定である。そのため，目に見える部分を変化させても，根本的な基本的仮定の部分を変化させなければ意味がない。したがって，組織の個性や性格とも言い表される組織文化・風土を根本的に変えることは，比較的多くの努力や時間がかかるだろう。

　次に，変革を起こすにはトップ・マネジメントのリーダーシップが肝要であ

る。組織変革のプロセスにある氷結の状況で，トップ・マネジメントが率先して変革の重要性を訴える必要があろう。また，その過程では抵抗勢力への対応や，部署間・個人間の意見の対立などが生じる。これらにもトップ・マネジメントが一貫した姿勢を示しながら，変革へと導いていかなければならない。また，日本航空の稲盛和夫や資生堂の魚谷雅彦などのように，外部から新たな経営者を引き入れることでも，それ自体が変革の引き金になる。

　ここまでの組織変革の説明では，組織全体の構成要素をどのように変えるか，どのような過程を経て変わるのかに注目したが，より具体的な手法に組織開発がある。組織開発は，主に職場の集団を対象として，組織が活性化するようなチームワークの醸成や，リーダーシップ能力の開発を目的として行われる（たとえば中村，2015）。組織変革ではトップ・マネジメントの主導が重要であると述べたが，組織開発では，組織の構成員（従業員）が自ら変革を促すといった点でやや異なる。また，組織開発では主に人間関係や組織文化・風土といった組織のソフトな側面を変革することに焦点を当てている。

　大きな目標に向かって多くの人が共に活動することは，困難ではあるが，素晴らしいことである。なぜなら，個人では不可能だが，集団だからこそ達成できることがこの世には多く存在するからである。しかしながら，チームを組めば簡単に目標を達成できるのではない。むしろ，どのように高い集団機能を持ったチームにつくり変えるかを考えることが大切である。人の行動には心理的傾向があることを理解し，感情的側面，行動的側面，認知的側面の観点からチームワークを分析することで，しっかりとあなたのチームを科学してほしい。

## 個人で実施できるワーク：チームワークについて振り返ろう！
（1）あなたが所属しているチームについて，多角的に振り返ってみましょう。

## グループでできるワーク：困ったときほど，チームで考え，乗り切ろう！
（1）3〜6名程度のグループを作ります。
（2）課題にグループで取り組んでください（15〜20分程度）。
（3）グループごとにアイデアを発表し，共有しましょう。
（4）グループ内で感想を共有しましょう。
　以上，詳しくはダウンロード資料（p. ii）を参照。

■ 引用文献

Beal, D. J., Cohen, R. R., Burke, M. J., & McLendon, C. L. (2003). Cohesion and performance in groups: A meta-analytic clarification of construct relations. *Journal of Applied Psychology, 88*, 989-1004.

Cannon-Bowers, J. A., Salas, E., & Converse, S. (1993). Shared mental models in expert team decision making. In N. J. Castellan, Jr. (Ed.), *Individual and group decision making: Current issues* (pp. 221-246). Hillsdale, NJ: Lawrence Erlbaum Associates.

Chiocchio, F., & Essiembre, H. (2009). Cohesion and performance: A meta-analytic review of disparities between project teams, production teams, and service teams. *Small Group Research, 40*, 382-420.

DeChurch, L. A., & Mesmer-Magnus, J. R. (2010). The cognitive underpinnings of effective teamwork: A meta-analysis. *Journal of Applied Psychology, 95*, 32-53.

De Dreu, C. K. W., & Weingart, L. R. (2003). Task versus relationship conflict, team performance, and team member satisfaction: A meta-analysis. *Journal of Applied Psychology, 88*, 741-749.

de Wit, F. R. C., Greer, L. L., & Jehn, K. A. (2012). The paradox of intragroup conflict: A meta-analysis. *Journal of Applied Psychology, 97*, 360-390.

Diehl, M., & Stroebe, W. (1987). Productivity loss in brainstorming groups: Toward the solution of a riddle. *Journal of Personality and Social Psychology, 53*, 497-509.

Forsyth, D. R. (2010). *Group dynamics.* Belmont, CA: Wadsworth Cengage Learning.

Hackman, J. R. (1987). The design of work teams. In J. W. Lorsch (Ed.), *Handbook of organizational behavior.* Englewood Cliffs, NJ: Prentice-Hall.

Hsu, J. S. C., Shih, S. P., Chiang, J. C., & Liu, J. Y. C. (2012). The impact of transactive memory systems on IS development teams' coordination, communication, and performance. *International Journal of Project Management, 30*, 329-340.

Ilgen, D. R., Hollenbeck, J. R., Johnson, M., & Jundt, D. (2005). Teams in organizations: From input-process-output models to IMOI models. *Annual Review of Psychology, 56*, 517-543.

Janis, I. L. (1972). *Victims of groupthink: A psychological study of foreign-policy decisions and fiascoes.* Boston, MA: Houghton Mifflin.

Janis, I. L. (1982). *Groupthink: Psychological studies of policy decisions and fiascoes.* Boston, MA: Houghton Mifflin.

Jehn, K. A. (1994). Enhancing effectiveness: An investigation of advantages and disadvantages of value-based intragroup conflict. *International Journal of Conflict Management, 5*, 223-238.

Kozlowski, S. W., & Ilgen, D. R. (2006). Enhancing the effectiveness of work groups and teams. *Psychological Science in the Public Interest, 7*(3), 77-124.

Lewin, K. (1947). Frontiers in group dynamics. In D. Cartwright (Ed.), *Field theory in social science*. London: Social Science Paperbacks.

Lewin, K. (1948). *Resolving social conflicts: Selected papers on group dynamics*. New York: Harper.

Lewis, K. (2003). Measuring transactive memory systems in the field: Scale development and validation. *Journal of Applied Psychology, 88*(4), 587-604.

Mathieu, J. E., Heffner, T. S., Goodwin, G. F., Salas, E., & Cannon-Bowers, J. A. (2000). The influence of shared mental models on team process and performance. *Journal of Applied Psychology, 85*, 273-283.

McGrath, J. E. (1964). *Social psychology: A brief introduction*. New York: Holt, Rinehart & Winston.

Moscovici, S., & Zavalloni, M. (1969). The group as a polarizer of attitudes. *Journal of Personality and Social Psychology, 12*, 125-135.

Mumford, T. V., Van Iddekinge, C. H., Morgeson, F. P., & Campion, M. A. (2008). The Team Role Test: Development and validation of a team role knowledge situational judgment test. *Journal of Applied Psychology, 93*, 250-267.

Mullen, B., & Copper, C. (1994). The relation between group cohesiveness and performance: An integration. *Psychological Bulletin, 115*, 210-227.

Myers, D. G., & Bishop, G. D. (1970). Discussion effects on racial attitudes. *Science, 169*, 778-779.

中村和彦 (2015). 入門　組織開発　光文社

O'Neill, T. A., Allen, N. J., & Hastings, S. E. (2013). Examining the "pros" and "cons" of team conflict: A team-level meta-analysis of task, relationship, and process conflict. *Human Performance, 26*, 236-260.

Osborn, A. F. (1953). *Applied imagination: Principles and procedures of creative problem solving*. New York: Charles Scribner's Sons.

Salas, E., Nichols, D. R., & Driskell, J. E. (2007). Testing three team training strategies in intact teams: A meta-analysis. *Small Group Research, 38*, 471-488.

Schein, E. H. (1985). *Organizational culture and leadership*. Jossey-Bass. (清水紀彦・浜田幸雄 (訳) (1989). 組織文化とリーダーシップ　ダイヤモンド社)

Schein, E. H. (1990). Organizational culture. *American Psychologist, 45*, 109-119.

Stasser, G., & Titus, W. (1985). Pooling of unshared information in group decision making: Biased information sampling during discussion. *Journal of Personality and Social Psychology, 48*, 1467-1478.

Stewart, G. L., Fulmer, I. S., & Barrick, M. R. (2005). An exploration of member roles as a multilevel linking mechanism for individual traits and team outcomes. *Personnel Psychology, 58*, 343-365.

Swaab, R. I., Schaerer, M., Anicich, E. M., Ronay, R., & Galinsky, A. D. (2014). The too-much-talent effect: Team interdependence determines when more talent is too much or not enough. *Psychological Science, 25*, 1581-1591.

Van der Vegt, G. S., Emans, B. J., & Van De Vliert, E. (2001). Patterns of interdependence in work teams: A two-level investigation of the relations with job and team satisfaction. *Personnel Psychology, 54*, 51-69.

Wageman, R. (1995). Interdependence and group effectiveness. *Administrative Science Quarterly, 40*, 145-180.

山口裕幸 (2003). チーム・マネジメント―機能的コラボレーションを創出する―　小口孝司・楠見　孝・今井芳昭 (編)　エミネント・ホワイト―ホワイトカラーへの産業・組織心理学からの提言― (pp. 56-72) 北大路書房

# 3

## 組織とコミュニケーション

　職場はさまざまな人びとの集まりであり，働くうえで人と人とのコミュニケーションを欠かすことはできない。コミュニケーションは，適切で円滑であれば，正確な情報伝達や良好な人間関係の構築，情緒的サポートの授受など，人や組織に肯定的な影響を及ぼす。しかし，不適切に用いられた場合，業務上のミスや人々のストレス増加，個人や組織のパフォーマンス低下など，負の影響を多大にもたらす要因となる。近年，急速な勢いで情報化が進み，働き方や人材も多様化する中で，職場におけるコミュニケーションの在り方も大きく変化しつつあるといえよう。

　本章では，コミュニケーションの基本的なプロセス，モデル，分類について理解したうえで，組織における効果的なコミュニケーションを促進させる手がかりについて考えを深めていく。

## 1. コミュニケーションのプロセス

### (1) コミュニケーションのモデル

　コミュニケーションとは，社会生活を営むうえで，人同士が相互に情報を伝達し合うことである。このときの情報には，個人あるいは集団における意思や感情，思考などが含まれ，言語や文字，身振りなどの伝達手段を介して行われる全過程をコミュニケーションと定義することができる。そもそもコミュニケーション（communication）の語源は，ラテン語の *communis* という語であり，「共有の，共通の」という意味を持つ[1]。この語源から，コミュニケーションは，情報をお互いに伝えあっただけで成り立つものではなく，伝えた情報を相手が

---

1　Online Etymology Dictionary を参照。英語の "common" にあたる。

理解し，その情報の意味することを共有して初めて成立するものといえるだろう。

　コミュニケーションのプロセスに関する先駆的な研究として，シャノンとウェーバー（Shannon & Weaver, 1949 植松訳 2009）の情報理論に基づくモデルがある。このモデルによると，まず「情報源」で受信端末に送信されるメッセージが生成されて「送信機」で符号化される。符号化とは，メッセージを信号に変換することをいう。その符号化されたメッセージは「通信路」を介して伝達される。ただ，この途中あるいは一方の端末において，信号はノイズ（雑音）によって乱されることがある。伝達された信号は，「受信機」で符号化の操作とは逆の操作によって復元された後，「受信者」である人（や物）に到達する。シャノンとウェーバーのモデルは，電子的情報の伝達についての機械的，一方向的なプロセスを示したものであるが，後の対人コミュニケーションプロセスのモデルへも適用されていった。

　実際の対人コミュニケーションは，基本的に双方向の情報伝達プロセスが想定される。シュラム（Schramm, 1954）は，送信者と受信者が役割を交代しつつ，メッセージの送受信を行うプロセスを示した。また，役割が交代されるだけではなく，受信者の解読，反応が送信者にフィードバックされ，送信者がそれに反応するという円環モデルを示している。送信者と受信者との間で符号化や解読が行われるうえで，文化や言語，環境や知識などの「経験の場」を共有していることがこのプロセス成立のための条件とされる（前原，2017）。

## (2) コミュニケーションの構成要素

　組織におけるコミュニケーションでは，個人と個人，個人と組織，組織と組織といった多様な形態間で情報のやりとりが行われる。どの関係性においても，情報伝達が成功したか否かは，送信者から受信者に意味が適切に伝わり，受信者の行動に影響を与えることができたか，さらに言えば，受信者に求めた行動が生起したか否かが関係する（Shannon & Weaver, 1949）。送信者からの情報が受信者に正しく理解，受容されるためには，両者の間に共通性が確立されている必要がある。共通性とは，両者の間で言語や知識，経験などがある程度共有されていることであり，コミュニケーションの前提ともいえる。たとえば，

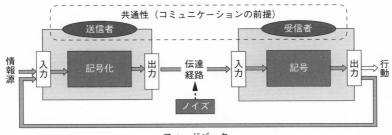

**図 3-1 コミュニケーションのプロセス**（馬場，1983；池田，2000；藤田，2010 をもとに作成）

使用する言語が異なる者（例，英語のみ発話可能な送信者と日本語のみ理解可能な受信者）の間では，情報を適切に伝達されることが困難である。組織間においては，組織文化の違いなども，ミスコミュニケーションを生み出す素因になる場合があるだろう。上司と歳の離れた部下では，経験や価値観の差も生じやすい。コミュニケーションは，ある程度の共通性のもとで，もしくは，不完全な共通性を補うような工夫によって情報伝達がなされ，その結果，受信者が期待された行動をとったことにより，成立したとみなすことができるのである（図 3-1）。

## 2. コミュニケーションの分類

### (1) 言語コミュニケーションと非言語コミュニケーション

　情報の符号化と符号の解読，通信路で使用される記号の違いによって，コミュニケーションは 2 種類に分類される。一つは，言葉を用いた**言語コミュニケーション**（verbal communication）である。ここでは，近年多用されているメールや SNS などの文字情報のみによるコミュニケーションも含まれる。もう一つは，**非言語コミュニケーション**（nonverbal communication）である。言語コミュニケーションは，発言内容により情報を伝達するが，非言語コミュニケーションには，表情，身振り，外見などが含まれ，情緒などの個人の心理状態や態度といった情報の伝達手段として機能する。たとえば，非言語コミュニケーションの媒体として，以下のようなものが挙げられている（佐々木，1996）。

> ①身体的特徴（身長，体格，皮膚の色，体臭など）
> ②顔の表情や眼の動き（微笑，しかめ面，凝視の方向と長さ，まばたきなど）
> ③動作やジェスチャー（手足や頭の動き，徒歩の方向や速さなど。ボディランゲージ
> 　と言われる）
> ④身体的接触（触れる，撫でる，叩く，抱くなど）
> ⑤身体の近接度と位置（空間的な距離や位置，座席の座り方など）
> ⑥会話の非言語的要素（声の質，話し方，ため息，沈黙など。準言語とも言われる）
> ⑦外見的表出（人が身につけている品物，衣服，化粧など）
> ⑧環境要因（家具，色・音，建築様式など，人にかかわる環境）

　メラビアン（Mehrabian, 1971）は，言語情報と非言語情報との間に矛盾したメッセージがあった場合，それぞれ言語情報 7 %，聴覚情報 38%，視覚情報 55%の割合で，受け手の行動に影響を与えたことを報告しており，これは「メラビアンの法則」と呼ばれている。すなわち，コミュニケーションでは，言語，非言語を一致させた情報の伝達が重要ということである。まさしく「目はくちほどに物を言う」ということを示しているといえる。

　社内のコミュニケーション手段に関する調査結果（HR 総研, 2019, 図 3-2）から，近年の IT 技術の発展により，組織の中で用いられるコミュニケーション手段が多様化していることが分かる。しかしながら，企業組織における日常的なコミュニケーション手段の中心は，やはり会話や会議といった対面による直接的な情報のやりとりであり，言語および非言語双方のコミュニケーションによるものである。電話を用いたコミュニケーションでは，上記⑥の非言語コミュニケーションの要素は含むものの，言葉および聴覚情報のみの言語コミュニケーションに頼る度合いが高い。その点，web 会議やテレビ会議は，遠隔，対面という条件を満たしたうえで，言語，非言語双方のコミュニケーションの手段を活用できる。また，メールは，ビジネス場面での主要なツールの一つとなっているが，近年はイントラネット，グループウェア，社内チャットといった IT ツールを利用したコミュニケーションも増加している。メールやチャットなどでは，即時性があるゆえに返信や対応に速やかな反応を求められる傾向にあることや，電子上のテキストという言語および視覚情報に頼らざるを得な

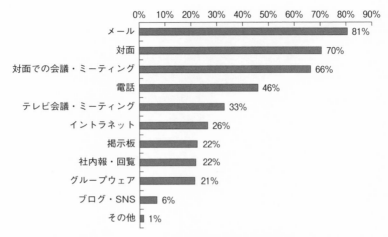

**図 3-2　社内のコミュニケーション手段で利用の多いもの**（HR 総研，2019）

いため，誤解が生じたり，非言語的な情報は伝わりにくいといった課題もある。しかし，これらは遠隔的かつ迅速にやり取りができることや記録に残しやすいこと，一度に多数と情報交換ができることなどメリットも多い。こうした IT 技術の発展により，新鮮な情報が組織全体にくまなく伝わり（情報の共有化），職位・職種に関係なく情報交換のやり取り（情報のフラット化）ができることで組織の活性化が期待できる（山口，2006）。

　組織の成員が目的，状況に合わせ，適切なコミュニケーション手段を効果的に使えるよう，組織全体で情報リテラシーを高めていくことも必要である。

## （2）フォーマル・コミュニケーションとインフォーマル・コミュニケーション

　職場におけるコミュニケーションの中には，フォーマルとインフォーマルな形態がある。**フォーマル・コミュニケーション**は，公式的で時間や人，場所などが決まっている計画的なものが含まれる。たとえば，会議や上司との目標管理面談などである。一方，非公式的で偶発的に生じるものが**インフォーマル・コミュニケーション**である。たとえば，同僚との雑談や食事の場での何気ない会話など，特段計画されておらず，公式的に決定されているものがない中で発生するコミュニケーションである。ホーソン研究（序章，第 1 章参照）では，

職場内のインフォーマルな人間関係が労働意欲に影響を与えていたことが判明し，その知見の発展によって，これまで職場におけるインフォーマル・コミュニケーションの効用について多くの研究がなされてきた。情報共有や問題解決，ストレスの緩和などに有用であることが示されている。また，フォーマル・コミュニケーションの形態は，次第にFTF（Face to Face）からCMC（Computer Mediated Communication）に移行していることも指摘されており（Zhao & Rosson, 2009），企業内のツイートシステムの構築によって，関係構築や社会的スキルの向上，ストレス軽減効果などへの効果が期待できる（岩本ら，2019）。サテライトオフィスやテレワークといった多様な働き方が今後さらに増加していく中で，遠隔的なメンバー間でのインフォーマル・コミュニケーションをどのように促進するかは，重要な課題となっていくだろう。

## （3）垂直的コミュニケーションと水平的コミュニケーション

　職場におけるコミュニケーションは，情報の流れる方向によっても分類することができる。

　**垂直的コミュニケーション**とは，組織の上から下へ，あるいは下から上へ情報が流れるコミュニケーションである。たとえば，上司から部下へ，組織目標の提示や仕事内容の指示，仕事の結果のフィードバックといったトップ・ダウンの情報の流れと，部下から上司への報告・連絡・相談といったボトム・アップの情報の流れがある。垂直的コミュニケーションは，上下関係や権力構造が反映されるコミュニケーションであり，組織の指揮系統を維持するうえで重要な機能を持つものである。また，垂直的コミュニケーションが円滑に効果的に機能するかは，日常的な上司と部下との関係性が反映されるものであり，上司のコミュニケーション力も大きく影響する。しかしながら，社内でコミュニケーションを阻害している要因のトップは「管理職のコミュニケーション力」（54％）と報告されている（HR総研，2019）。近年では，傾聴訓練など管理職向けのコミュニケーション研修や，部下が適切な伝え方を習得すべく，アサーションスキルの向上を目的とした教育訓練の機会を設ける企業なども増えている。

　**水平的コミュニケーション**は，横のつながりの中で情報が流れるコミュニケ

ーションである。たとえば，同僚間での会話や同じ職階の者同士のミーティング，部門間での情報共有，意見交換などがある。垂直的コミュニケーションは，フォーマル・コミュニケーションであることが多いが，水平的コミュニケーションは，フォーマルからインフォーマルなコミュニケーションまでさまざまなタイプが含まれる。水平的コミュニケーションやインフォーマルなコミュニケーションが円滑であることは，自由で率直な情報共有がなされることにつながり，早期に問題が発見，解決されたり，葛藤や対立の回避，解消を促進するといえよう。

　なお，組織内での他の部署で異なる職階の間での情報のやり取りを**斜め方向のコミュニケーション**として取り出すこともできる。たとえば，直属の上司や先輩だけではなく，他部署の上司や先輩に相談したり，意見を求めるような場合もあるだろう。

　フォーマル/インフォーマル，縦横斜めと多様なコミュニケーションのベクトルの中で，ノイズを極力含まない，適切で円滑な情報の流れができているということは，豊かな人間関係，健全な組織を示していることに他ならない。

## 3. 組織における効果的なコミュニケーション

### (1) コミュニケーション・ネットワーク

　**コミュニケーション・ネットワーク**とは，組織における成員間の情報の流れのことである。リーヴィット（Leavitt, 1951）は，5人の成員によって構成される4つのコミュニケーション・ネットワークのモデルを提示し，成員間の情報の流れを比較した。その結果，たとえ成員が同じであっても，誰と誰の間で情報がやりとりされるかによって，課題解決の効率や満足感などが異なることが明らかになった。

　図3-3のAからEは成員の位置を示しており，成員同士をつなぐ線は成員間で直接コミュニケーション可能な相手を表している。モデル内の数値は，各成員の相対的中心度を表している。たとえば，鎖型のCは，B，Dとはコミュニケーションをとることができ，その距離はそれぞれ1と仮定される。また，CはA，Eとは直接コミュニケーションをとることはできず，B,Dを介してのみ

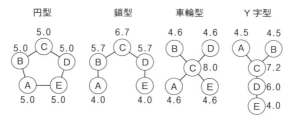

**図3-3　コミュニケーション・ネットワークのモデル**（Leavitt, 1951；藤田, 2010をもとに作成）

可能であり，その距離はそれぞれ2となる。これらの和を計算すると6となる。Bでは，AとCとの距離はそれぞれ1，Dとは距離2，Eとは距離3となり，距離の合計は7となる。他の成員も同様に計算すると，AからEの成員の距離の総和は，10＋7＋6＋7＋10＝40となる。たとえば，それをCの距離の和である6で割ると，Cの相対的中心度は6.7（小数第二位を四捨五入）となり，Cは鎖型のネットワークの中で最も数値が大きく，コミュニケーションの中心ということになる。

　表3-1には，各モデルの構造の特徴や課題解決の効率などの結果がまとめられている。課題解決の効率が良いのは，車輪型，Y字型であり，最も効率が良くないのは，サークル型であることが分かった。しかし，課題解決に参加した成員の満足度が最も高かったのは，サークル型であった。これは，中心化は低いが，成員が皆平等な参加の機会の中で課題に取り組むことができたことによる効果と考えられ，経営参加の重要性を示唆するものとみなすこともできる。

　実際の集団や組織は，より複雑なネットワークにより構成されており，安易にあてはめることはできないが，集団，組織の目標や課題の内容，性質によって，コミュニケーション・ネットワークの構造を変え，その特徴を活かすことが重要であるといえる。

## （2）連結ピンモデル

　従来の伝統的な組織においては，組織内のコミュニケーションは，1対1の**マンツーマン（個人結合）型**（図3-4a）であり，上司から部下へトップダウン的に，方針や命令などを伝達する構造が中心である。しかし，組織が拡大し，部門などの細分化が進むと，コミュニケーションは複雑化し，能率低下も生じ

表 3-1　コミュニケーション・ネットワークの構造と特徴

(Leavitt, 1951；藤田, 2010 をもとに作成)

|  | 円　型 | 鎖　型 | 車輪型 | Y字型 |
|---|---|---|---|---|
| 構　造 | 5人の中のどの成員も直接コミュニケートできる相手が2人いるが，中心を欠く | 成員CとAまたはEとの間に情報を媒介する者（B，D）がいる | 直接コミュニケートできる相手を2人もっている成員はCのみであり，情報はすべてCに送られ，他の成員へはCが伝達する | 鎖型と車輪型が連結した型であり，成員Cに情報が集中して他の成員に伝わる |
| 課題解決の速さ | 遅　い | 速　い | 非常に速い | 非常に速い |
| 課題解決の正確さ | 不正確 | 正　確 | 非常に正確 | 非常に正確 |
| 組織化 | 組織ができにくいできても不安定 | 組織化は遅いができると安定 | すぐ安定した組織ができる | 比較的安定した組織ができる |
| リーダーの出現 | なかなか決まらない | 決まりやすい | 早く決まる | 比較的早く決まる |
| 仕事の満足度 | 高　い | 低　い | 非常に低い | 低　い |

a マンツーマン（個人結合）型組織図

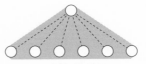
b 集団型組織図

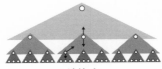
c 連結ピン

図 3-4　組織と連結ピンのモデル（Likert, 1961；Likert, 1967 三隅訳 1968 より転載）

る。リッカート（Likert, 1967 三隅訳 1968）は，集団組織のコミュニケーションモデルとして，成員参加型の**集団型**（図 3-4b）が効果的であることを提唱している。集団型は，全成員が参加してコミュニケーションが取られるため，成員間に適切かつ正確に情報が流れる。さらに，各階層にこの集団型を適用したものが**連結ピン**（linking pins，図 3-4c）の構造である。連結ピンは，各階層における集団のリーダーであり，複数の集団に重複して所属している。上位の階層の決定事項や意思を下位の階層の成員に伝えると共に，下位層の成員の意思，要望を上位の階層に伝える役割を担っており，連結ピンが集団の要として機能することで組織のコミュニケーションが円滑になるのである。

## （3）心理的安全性

　組織活動において，成員間の積極的なコミュニケーションは，組織を活性化させる。一方で，活発な意見交換が行われれば，業務，プロセス，関係での多様なコンフリクトも生じる。これらのコンフリクトは，チームの業績や創造的業務，協調などを低下させることが明らかになっており，中でも，組織の複雑な課題解決においては，業務コンフリクトが重要な役割を果たす（第 2 章参照）。しかしながら，たとえ業務コンフリクトが高くても，**心理的安全性**が高い状況では，チームの業績が向上することが示されている（Bradley et al., 2012）。

　心理的安全性（psychological safety）とは，エドモンドソン（Edmondson, 1999）によって提唱された概念であり，「チームの中でリスクをとっても安全である，というチームメンバーに共有された信念」と定義されている。すなわち，チームの中で，不安や恐怖などを感じることなく，自分が考えたことを発言したり，行動したりしても大丈夫である，という感覚があることといえる。心理的安全性は，決して，馴れ合いやぬるま湯のような意見が衝突しない関係性を目指すものではなく，健全に衝突することを促進するのである。

　エドモンドソンは，以下の 7 つの質問を自分自身に問うことにより，チームの心理的安全性がどの程度のレベルであるかを調べることができると述べている。

①チームの中でミスをすると，たいてい非難される。（＊）
②チームのメンバーは，課題や難しい問題を指摘し合える。
③チームのメンバーは，自分と異なるということを理由に他者を拒絶することがある。
　（＊）
④チームに対してリスクのある行動をとっても安全である。
⑤チームの他のメンバーに助けを求めることは難しい。（＊）
⑥チームメンバーは誰も，自分の仕事を意図的におとしめるような行動をしない。
⑦チームメンバーと仕事をするとき，自分のスキルと才能が尊重され，活かされてい
　ると感じる。
（＊は逆転項目）

　心理的安全性は信頼と類似している概念である。信頼は，二者間の関係性に関するもので，相手のとり得る行動への期待を含むものであるのに対し，心理的安全性は，チームや組織などの集団に関するもので，その場が相互尊重に基づく「安全な状態」であることを示すものである（Edmondson, 1999）。

　近年，ダイバーシティの高い組織，チームが増加しており，価値観や視点の相違からコンフリクトが生まれやすい環境も増えているかもしれない。しかし，心理的安全性のあるコミュニケーション下では，コンフリクトは健全な衝突となり，企業活動において創造性の向上や成員のコミットメント促進へとつながっていくと考えられている。

## ワーク：非言語コミュニケーションで確実に伝えよう！

(1) 1人ファシリテーターを決めます。
(2) 他の人はグループを作り，前を向いて1列に並びます（1列5名から20名程度が望ましい）。
(3) ファシリテーターは，列の数の分，お題を決めます。
(4) ファシリテーターは，各列最後尾の人にそれぞれ別のお題を一つずつ伝えます。
(5) 「スタート！」と同時に，列の最後尾の人は，一つ前の人のみ，そのお題について非言語コミュニケーションのみで伝えます。それ以外の人は後ろを振り返ってはいけません。
(6) すべてのグループが終わったら，一番前の人は，伝えられたお題を発表します。速く正確に伝えられたグループの勝ちです。

（7）グループ内や全体で，お題の変遷をたどったり，感想を共有します。
以上，詳しくはダウンロード資料（p. ii）を参照。

■ 引用文献

馬場昌雄（1983）．組織行動 第2版　白桃書房

Bradley, B. H., Postlethwaite, B. E., Klotz, A. C., Hamdani, M. R., & Brown, K. G.（2012）．Reaping the benefits of task conflict in teams: The critical role of team psychological safety climate. *Journal of Applied Psychology, 97*（1），151-158.

Edmondson, A.（1999）．Psychological safety and learning behavior in work teams. *Administrative Science Quarterly, 44*（2），350-383.

藤田主一（2010）．職場のコミュニケーション　藤森立男（編）　産業・組織心理学―変革のパースペクティブ（pp. 27-42）　福村出版

HR総研（2019）．社内コミュニケーションに関するアンケート　Retrieved from https://www.hrpro.co.jp/research_detail.php?r_no=222（2019.11.12）

池田謙一（2000）．社会科学の理論とモデル5　コミュニケーション　東京大学出版会

岩本茂子・小川祐樹・諏訪博彦・太田敏澄（2019）．企業内つぶやきシステムの効用のモデル化　社会情報学, 7, 1-15.

Leavitt, H. J.（1951）．Some effects of certain communication patterns on group performance. *The Journal of Abnormal and Social Psychology, 46*, 38-50.

Likert, R.（1961）．*New patterns of management.* New York: McGraw-Hill.

Likert, R.（1967）．*The human organization: Its management and values.* New York: McGraw-Hill.（三隅二不二（訳）（1968）．組織の行動科学―ヒューマン・オーガニゼーションの管理と価値　ダイヤモンド社）

前原真吾（2017）．共振する芸術と教育（6）：コミュニケーション行為のインフォグラフィックス　独語独文学研究年報, *43*, 16-36.

Mehrabian, A.（1971）．*Silent messages.* Belmont, CA: Wadsworth Publishing Company.

佐々木土師二（1996）．産業心理学への招待　有斐閣

Schramm, W.（1954）．How communication works. In W. Schramm（Ed.），*The process and effects of mass communication.* Urbana, IL: University of Illinois Press.

Shannon, C., & Weaver, W.（1949）．*The mathematical theory of communication.* Urbana, IL: University of Illinois Press.（植松友彦（訳）（2009）．コミュニケーションの数学的理論：情報理論の基礎　筑摩書房）

Newman, A., Donohue, R., & Eva, N.（2017）．Psychological safety: A systematic review of the literature. *Human Resource Management Review, 27*（3），521-535.

山口裕幸（2006）．組織の情報処理とコミュニケーション　山口裕幸・髙橋　潔・芳賀　繁・竹村和久（著）経営とワークに生かそう！産業・組織心理学（pp. 37-55）　有斐閣アルマ

Zhao, D., & Rosson, M.（2009）．How and Why People Twitter: The Role that Micro-blogging Plays in Informal Communication at Work. *Proceedings of the ACM international conference on Supporting group work*, pp. 243-252.

# 4

リーダーシップ

本章では，はじめに，リーダーとリーダーシップの違いを説明する。そのうえで，リーダーシップの主要な理論である特性論，行動論，コンティンジェンシー論，変革型リーダーシップなどを理解する。そして，リーダーシップを発揮するためのさまざまな特性，行動，部下の特徴，環境要因について理解を深めていく。最後に，いかにリーダーシップを教育させられるのか，リーダーシップの開発について学んでいく。

## 1. リーダーシップの概念

「あなたの考えるリーダーシップとは何ですか？」——この質問をされたら，あなたは何を思い浮かべるだろう。部活やサークルの部長，バイト先の責任者，会社の部長，プロジェクトリーダーなどが浮かび上がるだろうか。あなたの想像はきっと間違っていない。しかし，彼らは本当にリーダーシップを発揮しているだろうか。この章では，リーダーとリーダーシップの違いを明確にして，リーダーシップの理解を深めることを目的とする。

### (1) リーダーとリーダーシップの違い

リーダーとリーダーシップは混同されがちだが同じではない。リーダーは，組織の役割やポジションに就く人物であり，部門の目標を定め，伝達を行い，業務の管理監督責任を担う。加えて，組織に課された業務達成のために，適切な仕事を部下に割り与え，組織が連携できるようにさまざまな働きかけを行う。リーダーは，自身の役割を果たすために会社に付与された権限を行使して，組織をまとめなければならない。

それに対してリーダーシップは，メンバーをまとめて目標を達成させる影響

の過程と定義される（Yukl, 2010）。たとえば，目標達成のために部下の動機を高める行為は，業務連携やコミュニケーションを促し，高い業績をつくり出す。ここでの着目点は，この過程を生み出す人はリーダーだけに限らないということである。つまり誰しもがリーダーシップを発揮できる可能性がある。年功序列で管理職に就任した人はリーダーではあるが，必ずしもリーダーシップを発揮できるわけではない。また，正規のリーダーのポジションについていない人でも，リーダーシップを発揮できる。それゆえ，まずはリーダーとリーダーシップを切り分けて認識することが，リーダーシップを理解するための出発点となる。

　リーダーシップ研究の歴史は長く，これまで数多くの研究が蓄積されてきた。その理由は，リーダーシップが非常に複雑な現象であるため，さまざまな理論的観点からアプローチしなければリーダーシップを理解できなかったためである。それでは，リーダーシップ研究がいかに発展を遂げていったのかをみてみよう。

## 2. 特 性 論

　リーダーシップ研究は，リーダーの**個人的特性**や**資質**への注目から始まった。19 世紀の研究者は，アレキサンダー大王やナポレオンのような英雄の特性に着目し，彼らの共通する特性を模索した。しかしこの手法は科学的でないとの批判を受け，より科学的な手法に目が向けられた。これが科学的特性研究の始まりであった。

　特性アプローチは，特性とリーダーシップの関連を前提とするため，「生まれながらにしてリーダーは資質を持つ」，または「他の人々にはない特性を保有する人物がリーダーシップを発揮する」という考えが根底にある。

　優秀なリーダーを分析すると，**性格**の良さや**知性**，感情に訴える力（**EQ**）などが重要な特性として浮かび上がる。実際に，研究者はそれらの特性に焦点を当てて研究を行った。たとえば，性格はリーダーシップに影響する。上司の性格が誠実であれば，部下は上司を好意的に感じて関係が良好になり，上司はリーダーシップを発揮しやすくなる。特に，高いリーダーシップを発揮するには，

リーダーの協調性，情緒の安定性，そして外向性が重要であると報告されている（Judge et al., 2002）。

　性格の他に，リーダーの特性として知性の重要さを容易に想像できる。マーケットの動向を読み取り，プロジェクトの方向性を定め，環境変化に適応し問題に対処する。リーダーは膨大な情報を処理しなければならないため，リーダーの知性の高さは，部下の尊敬や職場の業績と関連する（Lord et al., 1986）。

　さらに近年 EQ の重要性が語られている。EQ の高いリーダーは，IQ のように知的にメンバーを導くのではなく，部下との共感を勝ち取ることでリーダーシップを発揮する（Goleman, 2006）。共感能力が備わったリーダーは，部下のニーズや感情の変化を機敏に察知して部下を鼓舞し，職務満足や組織市民行動，そして仕事のパフォーマンスを向上させる（Wong & Law, 2002）。

　しかしこれらの特性だけではリーダーシップを説明しきれない。数多くの特性研究はリーダーシップを高める要因の特定に大きく貢献したが，確実にリーダーシップを成功させる特性の判明には至っていない。たとえば，ゲイアー（Geier, 1967）は，20 のリーダーシップに関係する研究結果について分析した。その結果，数多くのリーダーシップ特性を特定したが，20 の論文のうち 4 つ以上の研究にわたって共通する特性は，ほんの 5 つだけであった。つまり，すべての研究に共通する特性は特定できなかったのである。

　このように特性を研究するだけではリーダーシップの十分な理解には至らなかった。しかし，長年の特性研究の蓄積から，リーダーの特性がある重要なリーダーシップ行動と関連することが分かり，リーダーシップ研究は**行動アプローチ**へと移り変わった。

## 3. 行 動 論

　外交性や知性が高くてリーダーシップを発揮する人もいれば，発揮できない人もいる。1 つの理由は，リーダーシップが行動を通じて発揮されるので，特性だけが備わっていても行動できなければ不十分なためである。特に行動論が特性論と異なる点は，誰しも特定の行動を取ることでリーダーシップを発揮できると捉えていることである。つまり行動の修正は可能なため，特定の行動ト

レーニング・プログラムを用いればリーダーシップを発揮できるようになる（McCauley et al., 2010）。

　**行動論**は**目標達成行動**と**集団維持行動**の 2 次元から成り立ち，オハイオ州立大学，ハーバード大学，そしてミシガン大学の複数の研究グループから同時期に報告された。目標達成行動は，仕事量，期限，手順などについて細かな指示と報告で構成される。集団維持行動は，個人的事情や人間関係に配慮する行動などが含まれる（Lewin & White, 1939; Stogdill & Coons, 1957；三隅・田崎，1965）。特にオハイオ州立大学の研究グループは，リーダー行動を測定するための尺度作成に力を注いだ。リーダーの行動に関する質問票を使ってインタビューを行った結果，およそ 1,700 項目のリーダー行動が発見され，それらは**「構造づくり」**（initiating structure）と**「配慮」**（consideration）の 2 つの行動群に集約できたのである。構造づくりとは，目標達成のために部下の業務管理を行う行動であり，いわば目標達成型の行動である。配慮は，部下を信頼し，彼らの感情に気配りをすることなどであり，集団維持を目的とした行動である。

　日本でも三隅らによって行われた研究が，オハイオ州立大学の研究と同様の結果を残している（三隅・田崎，1965）。三隅の **PM 理論**は仕事それ自体に関する次元を P 次元（Performance：タスク志向），人への配慮に関わる次元を M 次元（Maintenance：人間関係志向）と捉えたモデルである。そして，4 つのリーダーシップタイプ（PM 型，Pm 型，pM 型，pm 型）を提示した（図 4-1）。PM 型は目標を達成する能力と集団をまとめる能力の両方が高い状態であり，pm 型はその両方が低い状態である。Pm 型は，目標を達成する能力は高いが，集団をまとめる能力は低い。逆に，pM 型は目標を達成する能力は低いが，集団をまとめる能力は高い。部下の意欲，生産性の観点から，リーダーシップを発揮するには，PM 型＞ pM 型＞ Pm 型＞ pm 型の順番で有効であるとされる。まず，PM 型は適確なアドバイスや部下の相談を聞くことで，部下の業務への意欲を高め，生産性を高められる。そして，pM 型は部下の悩みや相談を聞き，部下の仕事に対する意欲を高められる。Pm 型は適確な指示や命令によって，生産性を高められる。部下の意欲と生産性の観点から，pM 型と Pm 型は同様なリーダーシップの有効性を示すのではないかと疑問を感じるだろう。しかし，Pm 型は仕事に対するプレッシャーをかけることから，長期的な生産性をみる

図 4-1　PM 理論

と，pM 型に劣ってしまうため，pM 型の方がリーダーシップを有効に発揮できる。

　世界中で一貫して発見されたリーダー行動の 2 軸から，次のまとめが可能となる。リーダーは，部下に仕事を適切に割り当て，十分な仕事のサポートを行う。また，部下たちとの良好な関係を維持する。こういったことが，リーダーシップを発揮するうえで，外すことができない考え方である。

## 4. コンティンジェンシー理論

　1970 年代以前の研究は，リーダーの特性や行動は，状況を問わず組織に対して同一の影響を及ぼすと仮定されていた。しかし，リーダー行動の研究が蓄積されるにつれ，リーダー行動の効果には必ずしも一貫性がないことが分かってきた（e.g., Evans, 1970; Filley & House, 1969; Oaklander & Fleishman, 1964）。そして，リーダーシップを発揮するための重要な特性や行動は状況によって変化する可能性を示唆する研究が蓄積され，リーダーの行動の効果を変化させる状況要因の探索が注目された。その結果，いくつかの変化の要因を提唱する理論群，いわゆる**コンティンジェンシー理論**の創出につながった。コンティンジェンシー理論は複数提唱されたが，ここではその中でも特に有名な理論を紹介

する。

## (1) パス・ゴール理論

　ハウス（House, 1971）は，リーダーの重要な役割は特定の行動が結果につながることを部下に信じさせること，と述べた。このリーダーの役割を説明するために，期待理論（第1章参照）を基盤としてパス・ゴール理論を生み出した（House, 1971; House & Mitchell, 1974）。**パス・ゴール理論**は，リーダー行動，部下の特徴，そして環境要因の3つの組み合わせを用いて，部下のモチベーションや業績の変動を予測する。

　まずリーダー行動は4つのスタイルで構成される。①サポート型は，オハイオ州立大学の配慮型に類似し，部下の欲求や健康を気遣う行動傾向である。②指示型もオハイオ州立大学の構造作りと同じで，業務の組み立てや業績に対する期待を明確にするなどの行動である。③参加型は，リーダーの業務や判断過程において部下に意見を求める行動である。最後の④達成型は，業務達成や高い業務水準の強調，そして挑戦的取り組みを求める行動である。

　そして，リーダー行動の効果は，環境要因に左右される。要因の1つ目は部下の特徴であり，これは部下の業務に対する自信や社会的関わりの必要性と定義される。自分の努力は成功につながると信じているか，そしてどの程度上司との関わりを欲しているかが，部下の特徴の例である。そして状況要因は，仕事の内容の危険性，反復性，そして作業内容の明確さなどで構成される。

　パス・ゴール理論によると，リーダーの行動が部下の職務満足やモチベーションを高めるかは，部下の業務遂行能力に対する自信や状況要因によって影響される（House, 1996）。たとえば，業務内容が不明確な場合，リーダーが部下と共に業務手順を組み立て，業務の進捗を細かく把握し，適切なアドバイスを行うなどの，指示型行動が有効である。また，危険で，面倒臭く，つまらない業務にはサポート行動が有効である。サポート行動は部下の不安を低下させ，モチベーションを高める効果がある。最後の例として，部下に自信がある場合，挑戦的な業務を任せる達成型行動を取ることで，部下のモチベーションが高まることが予測される。

## （2）Situational Leadership 理論

　ハーシーとブランチャード（Hersey & Blanchard, 1977）は「状況に応じた
リーダーシップの発揮」（Situational Leadership，以下 SL 理論）を提唱した。
SL 理論は，リーダー行動の効果が 2 種類の部下特徴によって変化すると予測し
た。1 つ目は部下の成長度合い，2 つ目は業務に対する自信度合いである。SL
理論によると，部下の成長と自信に合わせて，リーダーは支援と指示行動の割
合を調節しなければリーダーシップを発揮できない。したがって，部下の状態
把握がリーダーにとって重要となる。

　SL 理論は，部下の成長段階を 4 つに分け，部下のステージに見合った最適
な行動を示した（図 4-2）。初期段階は教示型の行動である。部下は業務の習得
過程であり，最適な作業工程や業務の組み立て方を理解していない。そのため，
学習内容や効率的な業務の進め方などを具体的に指示し，すべての工程におい
て面倒を見る必要がある。したがって，教示型のリーダー行動が効果的である。
第二段階の説得型では，部下の経験値は伸びつつあるがまだ成長過程である。
一人前になるために今後も多大な学習時間が必要であり，学び続けなければな
らない状況に部下は疲れ，業務のモチベーションが低下する恐れがある
（Blanchard et al., 1993）。この状況では，リーダーは業務指示よりも，鼓舞や
称賛のような精神的ケアに従事し，部下の悩みに耳を傾け，モチベーションを

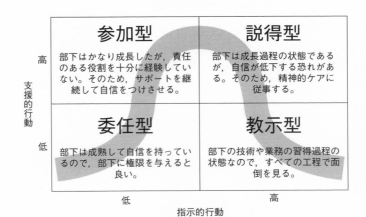

**図 4-2　SL 理論**

高めるサポート型に集中すると効果的である。

　第三段の参加型のステージでは，部下は業務経験を十分に重ね技術面では一人前となったが，責任のある役割を十分に経験していない。責任のある新しい任務を任された部下は不安が高い可能性があるため，リーダーはサポート行動を継続し，自信をつけさせるように補助しなければならない。一方で，部下の技術面・業務面の経験値は十分であるため，部下は指示型行動をあまり必要としない。最後の四段階目の委任型では，部下は十分な経験値を持ち，業務遂行能力に対して自信を持つ。リーダーは指示や支援の両方を控え，権限の高い役割を与えることで，部下の高い士気を維持できる。

## （3）状況適応理論

　フィドラー（Fiedler, F. E.）も他の研究者と同様に，行動の効果に一貫性がないことに着目した。そして，リーダー行動と状況の適合性を核とする**状況適応理論**を提唱した。

　この理論の特徴は，Least Preferred Coworker 尺度（最も好ましくない仕事仲間，以下 LPC）を用いて，リーダーの部下に対する好みを測定したことである。LPC 尺度は，リーダーが最も共同作業の難しかった部下一名の特徴を 20項目の質問によって評価する。両サイドに正反対の形容詞（たとえば，協調的－非協調的，友好的－非友好的）が記載された質問に対し，否定的な形容詞の 1点から友好的形容詞の 8点の中の最も妥当な数値を選択する（Fiedler, 1971）。高得点は，苦手な部下も上司は友好的形容詞を用いて描写することを示し，オハイオ州立大学の配慮行動との関連が高い（Fiedler, 2006）。数値が低い上司は，苦手な部下を否定的に表現し，管理傾向が高く，指示を多く出す業務型行動に従事する。したがって，LPC はリーダーの行動と言い表すことができる。

　LPC 数値が業績に対してどのように影響するかは，3 つの状況要因によって左右される。1 つ目の要因は，リーダーへの部下の友好性である。部下が上司に対して好意的であり，尊敬の念をもって支える場合，リーダーは影響を発揮しやすい。2 つ目は，部下の作業内容や構造の明確性である。作業内容が不明確な問題解決型の業務では，リーダーは公的な影響を行使しても結果を出しづらいため，この状況要因もリーダー行動の影響力を変化させる。そして最後

は地位の力である。この要素は，部下の友好性にかかわらず，従わせるための
報酬や罰を与える公的権限を付与されているかである。

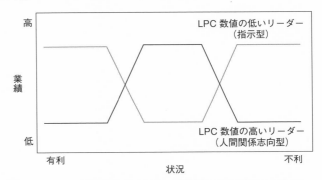

| リーダーへの部下の友好性 | 良い | 良い | 良い | 良い | 悪い | 悪い | 悪い | 悪い |
|---|---|---|---|---|---|---|---|---|
| 部下の作業内容や構造の明確性 | 高い | 高い | 低い | 低い | 高い | 高い | 低い | 低い |
| 地位の力 | 強い | 弱い | 強い | 弱い | 強い | 弱い | 強い | 弱い |

**図 4-3　状況適応理論**

　図と表を見比べて，どのような状況にどんなリーダー行動を取るのが良いか
をみてみよう。リーダーに対して状況が最も不利な場合，または最も有利な場
合は，LPC 数値の低いリーダーが力を発揮する。一方で，状況がその中間の場
合，LPC 数値の高いリーダーが力を発揮する。たとえば，部下の敵対心が高く，
公的権限も限定的，業務内容も明確でない状況は，リーダーにとって状況が不
利であり，この場合は指示型行動が効果的と予測される。また他方で，権限は
なく，作業は明確ではないが，部下が好意的な場合は，部下への配慮など人間
関係志向型行動に力を入れる方が良いと考えられる。

# 5. リーダー・メンバー交換理論

　**リーダー・メンバー交換理論**（leader member exchange，以下 LMX 理論）
は，リーダーが 1 人ひとりの部下と異なる関係を築くことに着目し，リーダー
の特性や行動よりもリーダーと部下の関係をリーダーシップ発揮の基礎とする
理論である（Dansereau et al., 1975）。LMX 以前の理論はリーダーとグループ

全体の関係に焦点を置いたため，リーダーと部下が性質の異なる関係を築くことは見過ごされていた。しかしLMXは，リーダーと部下の二者間の関係を基礎としたことが特徴的である。二者間において，リーダーの社交性や協調性，部下の能力や誠実さなどを基盤として，関係が築かれる。

　リーダーと部下の関係は業務達成のための組織的役割分担から始まる。しかし時間の経過と共に一部の部下は，単純な役割分担を超え，信頼と忠誠心で結ばれた親密な関係の構築に成功する（Graen & Uhl-Bien, 1995）。リーダーとの親密関係にある部下は**イン・グループメンバー**（ingroup）と呼ばれ，知的で刺激的なプロジェクトに割り振られ，リーダーの状況判断や意思決定の場面でも意見を求められる。そして，周りよりも条件の良いオフィスのスペースを与えられ，昇給・昇格や社会的な報酬をリーダーから賦与される。その見返りとして，部下も上司のために自分の職務責任を超えた役割を期待される。たとえば，上司の業務補助のための残業や同僚が避ける業務への立候補など，他のメンバー以上にさまざまな義務や業務が発生する。

　一方で，組織的役割を果たすことのみを期待された部下は**アウト・グループメンバー**（outgroup）と呼ばれ，一定水準の職務義務は求められるが，それ以上の責任の遂行は期待されない。当然，部下の貢献度に比例して，リーダーからの職務支援や報酬も一般的なものに限定される。

## 6. 変革型リーダーシップ

　スティーブ・ジョブズや孫正義のようなリーダーは他のリーダーと何が違うのだろう。この問いを考察するためには**変革型リーダーシップ**を理解する必要がある。

　変革型リーダーシップという言葉は，バーンズ（Burns, 1978）により世に広められた。そして，変革型リーダーシップを科学的に検証可能な理論に落とし込んだのがバス（Bass, 1985）であった。バスのモデルは，**変革型**と**取引型**の2つの行動群で構成される。取引型リーダーは，いわゆる「飴と鞭」を駆使して部下を管理する。たとえば，組織に対する貢献度に応じての報酬度合いの決定や，業績が想定の目標値から逸脱した場合に行う管理行為などがある（表

4-1）。それに対して変革型リーダーシップとは，部下の価値観や感情に訴えることで感情を揺さぶり，期待以上の能力を引き出す行動である（表 4-2）。

表 4-1　取引型リーダーシップの行動

| ①条件付き報酬 | ②例外的による能動的管理 | ③例外的による受動的管理 | ④放任型のリーダーシップ |
|---|---|---|---|
| 求める仕事の基準を明確にし，報酬を与えて部下のモチベーションを引き出す行為。 | 間違いや非効率的方法などを探し，失敗回避の方法を教える行為。 | 業績達成基準に届かない場合に，罰や矯正的方法を用いる行為。 | 問題の先延ばしや部下の要求を無視するといった行為。リーダーシップがない状態を示す。 |

　変革型リーダーシップは，部下の感情や行動，そして業績を高める効果が報告されている。たとえば，職務満足度，リーダーに対する満足度，部下のモチベーション（Hoch et al., 2018; Judge & Piccolo, 2004），チームや組織の業績（Wang et al., 2011）などは，変革型リーダーシップの度合いに比例して高まる傾向にある。さらに，変革型リーダーシップは，組織市民行動に影響することも確認されている（Podsakoff et al., 1990）。**組織市民行動**（Organizational Citizenship Behavior）とは，自分の業務ではない同僚の仕事を助けるなどといった公式の報酬制度に結び付かない行動を自発的に起こし，組織の効率性を高める行動である（Smith et al., 1983）。変革型リーダーは部下の組織に対する忠誠心や誇りを刺激するため，部下が自分自身に公的な見返りがなくても，周りを助け組織に貢献できるように心がけるようになる。

表 4-2　変革型リーダーシップの行動

| ①理想的影響 | ②個別的配慮 | ③心に響く訴え | ④知的な刺激 |
|---|---|---|---|
| 部下に仕事の期待を示し，真摯に仕事に臨み，自己犠牲を伴っても部下を守り抜く行動。 | 支援や配慮，そして励ますことで部を勇気づけ，育成行動を通じて部下を成長させる行動。 | 部下に組織の問題を新たな視点で考えさせ，創造的な解決方法を模索させる振る舞い。 | 魅力的な将来像を描き，象徴的言葉を用いて部下を導く行為。 |

　変革型リーダーシップは肯定的な影響を与える一方で，取引型リーダーシップの効果はより複雑であることが分かっている（Judge & Piccolo, 2004; Wang et al., 2011）。たとえば，条件付き報酬は，職務満足やモチベーション，そして個人業績に対して変革型リーダーシップ以上の影響を及ぼす。一方で，例外的による能動的管理は周りのモチベーションを高めるが，例外的による受動的管理

は部下のモチベーションや業績を下げる。放任主義も例外的による受動的管理同様，職務満足やリーダーに対する満足度などを下げる効果が確認されている。

## 7. サーバント・リーダーシップ

　サーバント・リーダーシップ（Servant Leadership）は，サーバントが奉仕の意味であるように，部下への奉仕やサポートを通じて，部下を導いていくリーダーシップである。このリーダーシップスタイルは，グリーンリーフの1977年に出版した書籍で世に広まった（Greenleaf, 1977）。他のリーダーシップ理論との違いは，部下の成長促進こそがリーダーの使命であると定め，組織の中に部下の成長機会を創出しなければならないとした点である（Luthans & Avolio, 2003）。したがってリーダーは，個人の成長，エンパワーメント，そして健全な環境を整備することで，メンバーの業績達成や成長を促さなければならない。

　サーバント・リーダーシップは以下の6つの要素から構成される（van Dierendonk, 2011）。

①**自信を与える**　部下に職務の意義を感じさせ，自らの努力が目標達成につながると信じさせる。
②**謙虚さ**　リーダーが一方的に部下から恩恵を受けるのではなく，部下の能力を高める意識を持ち，必要な支援を提供する。
③**自分らしさ**　裏と表で別々の顔を使い分けず，公の場でも考えと行動の一貫性を保つように振る舞う。
④**人間関係を受け入れる**　他者の気持ちを理解し受け入れる。自らの考えだけで物事を図ろうとせず，他者の立場から，彼らの思考，価値観，そして感情の理解を目指す。
⑤**方向を示す**　部下の能力や欲求に考慮し，方向性を定める。
⑥**奉仕する心**　自身の興味を満たすために行動するのではなく，他者や組織に対して責任を担うことを心掛け，ロールモデルとなれるよう行動する。

　サーバント・リーダーシップの代表的効果は，職場の組織市民行動の促進である（Eva et al., 2019）。サーバント・リーダーは，公式な見返りに結び付か

ない行為も部下にいとわずに行わせる（Chen et al., 2014; Zhao et al., 2016）。また，サーバント・リーダーシップは，部下の業務に意義を与え（Khan et al., 2015），心理的に良好な状態を向上させる（Gotsis & Grimani, 2016）。これらの部下の行動を促進させることで，サーバント・リーダーは個人や企業の業績を高めることが示されている（e.g., Neubert et al., 2008; Rasheed et al., 2016）。

## 8. オーセンティック・リーダーシップ

　オーセンティックのルーツとなったギリシャ語の意味は「自分自身に真実であれ」である（Avolio & Gardner, 2005）。**オーセンティック・リーダーシップ**（Authentic Leadership: AL）とは，考え，価値観，感情，欲求，欲望，または信念，それらすべてを含む自分自身に対して真正面から向き合い，自分の価値観に従って行動を起こすことである（Harter, 2002）。リーダーの信念，希望，楽観，そして道徳観は正しい行為を促し，部下とのやり取りを公平に行う努力をさせる。オーセンティック・リーダーのもとでは，部下との間で信頼で結ばれた関係が生まれやすいため公正な活動が職場で起こる（Avolio et al., 2004）。

　オーセンティック・リーダーシップは比較的新しい理論であり，この概念に対してさまざまな理論モデルが提唱された（Gardner et al., 2011）。しかし，アボリオの研究チームが提唱した以下に示す4軸モデルが他の研究者から最も支持を受けているため，彼らのモデルをここでは採用する（Gardner et al., 2005; Walumbwa et al., 2008）。

①**自己認識**　価値観，道徳的観念，強みや弱み，感情の状態を認識する。
②**関係性の透明性**　自分自身の考えや態度，そして悩みを自己開示し，部下への信頼を行動で示す。
③**内在化した道徳観**　他人を喜ばすためや対価を守るために行動するのではなく，自分自身の道徳的価値観や信念と一致するよう行動する。
④**バランスの取れた情報処理**　自分自信に関わる良い情報も悪い情報も偏りなく対応し，真正面から受け入れることで成長の糧とする。

オーセンティック・リーダーシップはさまざまな好ましい結果をもたらすことが確認されている。たとえば，リーダーに対する信頼，エンパワーメント，組織市民行動，そして業績などがオーセンティック・リーダーシップによって高められる（Avolio et al., 2004）。また，オーセンティック・リーダーシップは，部下の精神的疲弊を軽減することも明らかにされている（Laschinger & Fida, 2014）。

## 9. リーダーシップ開発

最後に，リーダーシップ・トレーニングについて紹介する。リーダーシップの長年の研究は，リーダーシップは開発できることを一貫して示してきた。開発プログラムは，リーダーにとって重要なスキルや行動の知識供与，ロールプレイや共同活動を通しての発達促進，またアセスメントによる行動頻度の測定とフィードバックなど，さまざまな要素で構成される。

リーダーシップの開発は果たして重要なのか。開発するコストを考えれば，企業ははじめからリーダーシップの高い人物を採用すれば良いと思うかもしれない。しかし，企業側の視点では，自社の社員のリーダーシップ開発は重要である。たとえば，ある社員の業務能力が高いので将来の幹部候補として登用したいが，リーダーシップに関して懸念がある。この状況では，社員を昇格するためにリーダーシップ開発が急務となる。永続的に発展するために企業はリーダーを常に必要とし，幹部候補を常に育成し続けなければならない。したがって，リーダー育成を社内で行えるかが企業の生存を左右するのである。

### (1) リーダーシップ開発の状況

リーダーシップの能力開発は，主に**正式なトレーニング**（formal training），**開発活動**（developmental activities），そして**自立した活動**（self-help activities）の3つの方法に区別できる（Yukl, 2010）。

正式なトレーニングは，半日程度で終わる研修から，職場を一定期間離れて専門家の指導のもとで行われる開発を目的としたプログラムまで，多岐にわたる。開発活動は，日常の業務過程にも組み込まれており日々の仕事の経験から

技術や知識の習得を促進する。加えて，外部コンサルタントによるコーチング，上司や先輩の指導，業務関連のスキルや知識の学習目的の業務など，さまざまな形態が存在する。自立した活動は，個人が自ら積極的にリーダーシップを学習する。近年では，オンライン・コースなど個人自ら主導の学習なども広まりつつある。加えて，参考になる本や動画から自らリーダーシップを開発する。

## (2) 正式なトレーニング

リーダーシップ・トレーニングは，狭いスキルを短期間で習得するものから広範囲のスキルを長い時間かけて習得するものまでのさまざまな方法を含む。企業がリーダーシップ研修を行う際は，コンサルティング会社や大学が担当することが多い。多くのコンサルティング会社は，簡易的なリーダーシップのワークショップの実施から，特定の組織の風土に合わせたトレーニングなどをつくりこむ。一方で大学の場合は，マネジメント開発プログラム（management development）などを提供する。一部の大企業は，外部の教育機関やコンサルティング会社の支援を受けてリーダーシップ・トレーニング機関を設置し，自社専用のリーダーシップ開発を行うケースもある。

多くのリーダーシップ・プログラムは特定のリーダーシップ理論に基づき設計される。たとえば，人間関係と業務達成志向の組み合わせによる状況適応理論（Fiedler & Chemers, 1982），部下の自発的行動を促す変革型リーダーシップ（Bass & Avolio, 1990），部下の成熟度によってリーダーシップのスタイルを変化させる SL 理論（Hersey & Blanchard, 1977）などを基礎に設計されるプログラムも存在する。

トレーニングの成功は設計が決め手となる（Lord & Hall, 2005）。1つのトレーニングが万人に通用するのではなく，学習理論，学習目標，学習者の特性の考慮なしでは成功には至らない。また，多くのリーダーシップ能力の開発は，正式なトレーニングのみでは不十分であり，特別な経験を与える業務などを必要とする（Dragoni et al., 2014; Kelleher et al., 1986）。達成困難な業務，仕事の多様性，適切なフィードバックなどは経験学習に大きく貢献する。そのために，正式なトレーニングと業務設計の組み合わせが必要である。

## （3）リーダーシップの開発活動

　リーダーシップ開発を目的とするさまざまな活動は従業員に業務経験を与え，スキルの獲得を促進させる。そのため，正式なトレーニングと組み合わせて行われることが多い。リーダーシップ開発を促す活動はさまざまなものがある。リーダーシップ行動の評価，リーダーシップを必要とする業務，経験豊かな人物からの指導，これらの要因はリーダーシップ能力を引き出す。

　**フィードバックプログラム**は，成長過程にあるマネージャーに対して，長所と短所の評価や効率的な成長方法を伝えて学習を促進させる。リーダーシップ開発につながる業務は，新しいプロジェクトの陣頭，複数の部署からの人材の統括プロジェクト，経営上の深刻な問題への対処といったものが含まれ，これらの経験はリーダーシップ開発を促進させることが分かっている（Dragoni et al., 2014）。

　また，**メンタリング**は，経験豊富なマネージャーが1対1でプロテージ[1]を指導するプログラムである。メンター[2]は通常，管理職レベルが高く，プロテージの上司ではない。メンタリングによって，キャリアの向上や成功につながりやすくなるとされる（Kram & Isabella, 1985）。同様のプログラムに**コーチング**がある。メンタリングの育成内容が人生や仕事であるのに対し，コーチングは仕事の業務目標の達成やプロジェクトの達成など限定的である。

　そして，**アクション・ラーニング**とは，現実の問題を対処する際に解決策を自ら考え実行することで，学ぶ力を強化する方法である。また，**シミュレーション**では，参加者が企業経営者の役をして，難しい経営課題を分析して意思決定を行う。シミュレーションの目的は主に，正式なトレーニングで学ぶ分析・意思決定スキルを実践するために行われる。

## （4）リーダーシップ開発の促進

　公式のトレーニングと開発活動によってリーダーシップが開花すると考えられるが，リーダーシップの能力開発が継続するかは，上司や部下の信頼関係や組織の学習環境に関わっている。

---

　1　人生や仕事について指導や助言を受ける者を指す。メンティーとも呼ばれる。
　2　人生や仕事の指導者や助言者を指す。

　上司との信頼関係が構築されていれば，上司のサポートを得られやすいため，部下のリーダーシップは発達しやすい（Hillman et al., 1990; London & Mone, 1987; Valerio, 1990）。たとえば，上司は部下がトレーニングに参加しやすいように勤務スケジュールを調整したり，アンケート配布のサポートをしたりする。トレーニング後には，学んだことをどのように活かせるかを打ち合わせ，困難に直面したときにコーチングを行う。

　そして，組織のリーダーシップ・トレーニングと開発の量の関係は，「学習環境」に影響される（Ford & Weissbein, 1997）。リーダーシップの学習をサポートする環境を準備するために，さまざまなことが行われる。たとえば，興味を追求しながらスキル習得できるように仕事を割り当てる，新たな方法を試す時間を十分に与える，学習への財政的な支援をする，従業員向けのワークショップを開く，フィードバックプログラムを提供する，スキルの向上に関して給与を引き上げる，などといったものがある。

　リーダーシップとは複雑な現象であり，リーダーシップを発揮するためにはさまざまな特性，行動，部下の特徴，そして環境要因を理解する必要がある。しかし，リーダーシップは開発できるというのがこの章の一貫したメッセージであり，成長のために努力を継続することが重要である。リーダーシップを理解し，力を発揮するための行動を積極的に学習することで，きっと良いリーダーになれることだろう。

---

### ワーク：あなたにとっての理想のリーダーシップとは？

（1）ここまで学んできたリーダーシップの研究を参考にしながら，あなたにとって理想のリーダーシップはどのようなものかを考えてみましょう。

（2）理想のリーダーシップを実現するために，あなたがこれから取り組むべき課題は何でしょうか？　リーダーシップのトレーニングを参考にして考えてみましょう。

　以上，詳しくはダウンロード資料（p. ii）を参照。

■ 引用文献

Avolio, B. J., & Gardner, W. L. (2005). Authentic leadership development: Getting to the root of positive forms of leadership. *The Leadership Quarterly, 16* (3), 315-338.

Avolio, B. J., Luthans, F., & Walumbwa, F. O. (2004). Authentic leadership: Theory-building for veritable sustained performance. Working paper. Gallup Leadership Institute, University of Nebraska-Lincoln.

Bass, B. M. (1985). Leadership: Good, better, best. *Organizational Dynamics, 13* (3), 26-40.

Bass, B. M., & Avolio, B. J. (1990). The implications of transactional and transformational leadership for individual, team, and organizational development. *Research in Organizational Change and Development, 4* (1), 231-272.

Blanchard, K. H., Zigarmi, D., & Nelson, R. B. (1993). Situational Leadership® after 25 years: A retrospective. *Journal of Leadership Studies, 1* (1), 21-36.

Bums, J. M. (1978). *Leadership.* New York: Harper & Row.

Chen, Z., Zhu, J., & Zhou, M. (2014). How does a servant leader fuel the service fire? A multilevel model of servant leadership, individual self identity, group competition climate, and customer service performance. *Journal of Applied Psychology, 100* (2), 1-11.

Dansereau Jr., F., Graen, G., & Haga, W. J. (1975). A vertical dyad linkage approach to leadership within formal organizations: A longitudinal investigation of the role making process. *Organizational Behavior and Human Performance, 13* (1), 46-78.

Dragoni, L., Oh, I. S., Tesluk, P. E., Moore, O. A., VanKatwyk, P., & Hazucha, J. (2014). Developing leaders' strategic thinking through global work experience: The moderating role of cultural distance. *Journal of Applied Psychology, 99* (5), 867-882.

Eva, N., Robin, M., Sendjaya, S., van Dierendonck, D., & Liden, R. C. (2019). Servant leadership: A systematic review and call for future research. *The Leadership Quarterly, 30* (1), 111-132.

Evans, G. (1970). The effects of supervisory behavior on the path-goal relationship. *Organizational Behavior and Human Performance, 5,* 277-298.

Fiedler, F. E. (1971). Validation and extension of the contingency model of leadership effectiveness: A review of empirical findings. *Psychological Bulletin, 76* (2), 128-148.

Fiedler, F. E. (2006). The contingency model: A theory of leadership effectiveness. In J. M. Levine & R. L. Moreland (Eds.), *Small groups* (pp. 369-381). New York: Psychology Press.

Fiedler, F. E., & Chemers, M. M. (1982). *Improving leadership effectiveness: The leader match concept* (2nd ed.). New York: John Wiley.

Filley, A. C., & House, R. J. (1969). Managerial process and organizational behavior. *Academy of Management Journal, 12* (4), 523-524.

Ford, J. K., & Weissbein, D. A. (1997). Transfer of training: An updated review and analysis. *Performance Improvement Quarterly, 10* (2), 22-41.

Gardner, W. L., Avolio, B. J., Luthans, F., May, D. R., & Walumbwa, F. (2005). "Can you see the real me?" A self-based model of authentic leader and follower development. *The Leadership Quarterly, 16* (3), 343-372.

Gardner, W. L., Cogliser, C. C., Davis, K. M., & Dickens, M. P. (2011). Authentic leadership: A review of the literature and research agenda. *The Leadership Quarterly, 22* (6), 1120-1145.

Geier, J. G. (1967). A trait approach to the study of leadership in small groups. *Journal of Communication, 17* (4), 316-323.

Goleman, D. (2006). *Emotional intelligence.* New York: Bantam.

Gotsis, G., & Grimani, K. (2016). The role of servant leadership in fostering inclusive organizations. *Journal of Management Development, 35,* 985-1010.

Graen, G. B., & Uhl-Bien, M. (1995). Relationship-based approach to leadership: Development of leader-member exchange (LMX) theory of leadership over 25 years: Applying a multi-level multi-domain perspective. *The Leadership Quarterly, 6* (2), 219-247.

Greenleaf, R. (1977). *Servant leadership.* New York: Paulist Press.

Harter, S. (2002). Authenticity. In C. S. Snyder, & S. J. Lopez (Eds.), *Handbook of positive psychology* (pp. 382-394). Oxford: Oxford University Press.

Hersey, P., & Blanchard, K. H. (1977). *Management of organizational behavior: Utilizing human resources* (3rd ed.). Englewood Cliffs, NJ: Prentice Hall.

Hillman, L. W., Schwandt, D. R., & Bartz, D. E. (1990). Enhancing staff members' performance through feedback and coaching. *Journal of Management Development, 9* (3), 20-27.

Hoch, J. E., Bommer, W. H., Dulebohn, J. H., & Wu, D. (2018). Do ethical, authentic, and servant leadership explain variance above and beyond transformational leadership? A meta-analysis. *Journal of Management, 44* (2), 501-529.

House, R. J. (1971). A path goal theory of leader effectiveness. *Administrative Science Quarterly, 16* (3), 321-339.

House, R. J. (1996). Path-goal theory of leadership: Lessons, legacy, and a reformulated theory. *The Leadership Quarterly, 7* (3), 323-352.

House, R. J., & Mitchell, T. R. (1974). The path-goal theory of leadership. *Journal of Contemporary Business, 3* (4), 81-97.

Judge, T. A., Bono, J. E., Ilies, R., & Gerhardt, M. W. (2002). Personality and leadership: A qualitative and quantitative review. *Journal of Applied Psychology, 87* (4), 765-780.

Judge, T. A., & Piccolo, R. F. (2004). Transformational and transactional leadership: A meta-analytic test of their relative validity. *Journal of Applied Psychology, 89* (5), 755-768.

Kelleher, D., Finestone, P., & Lowy, A. (1986). Managerial learning: First notes from an unstudied frontier. *Group & Organization Studies, 11* (3), 169-202.

Khan, K., Khan, S., & Chaudhry, A. (2015). Impact of servant leadership on workplace spirituality: Moderating role of involvement culture. *Pakistan Journal of Science, 67,* 109-113.

Kram, K. E., & Isabella, L. A. (1985). Mentoring alternatives: The role of peer relationships in career development. *Academy of Management Journal, 28* (1), 110-132.

Laschinger, H. K. S., & Fida, R. (2014). A time-lagged analysis of the effect of authentic leadership on workplace bullying, burnout, and occupational turnover intentions. *European Journal of Work and Organizational Psychology, 23*(5), 739-753.

Lewin, K., Lippitt, R., & White, R. K. (1939). Patterns of aggressive behavior in experimentally created "social climates". *The Journal of Social Psychology, 10* (2), 269-299.

London, M., & Mone, E. M. (1987). *Career management and survival in the workplace: Helping employees make tough career decisions, stay motivated, and reduce career stress.* San Francisco, CA: Jossey-Bass.

Lord, R. G., De Vader, C. L., & Alliger, G. M. (1986). A meta-analysis of the relation between personality traits and leadership perceptions: An application of validity generalization procedures. *Journal of Applied Psychology, 71* (3), 402-410.

Lord, R. G., & Hall, R. J. (2005). Identity, deep structure and the development of leadership skill. *The Leadership Quarterly, 16* (4), 591-615.

Luthans, F., & Avolio, B. J. (2003). Authentic leadership development. In K. S. Cameron, J. E. Dutton, & R. E. Quinn (Eds.), *Positive organizational scholarship* (pp. 241-258). San Francisco, CA: Berrett-Koehler.

McCauley, C. D., Van Velsor, E., & Ruderman, M. N. (2010). Introduction: Our view of leadership development. In E. Van Velsor, C. D. McCauley, & M. N. Ruderman (Eds.), *The Center for Creative Leadership handbook of leadership development* (pp. 1-26). San Francisco, CA: John Wiley & Sons.

三隅二不二・田崎敏昭 (1965). 組織体におけるリーダーシップの構造—機能に関する実証的研究　教育・社会心理学研究, *5* (1), 1-13.

Neubert, M. J., Kacmar, K. M., Carlson, D. S., Chonko, L. B., & Roberts, J. A. (2008). Regulatory focus as a mediator of the influence of initiating structure and servant leadership on employee behavior. *Journal of Applied Psychology, 93* (6), 1220-1233.

Oaklander, H., & Fleishman, E. A. (1964). Patterns of leadership related to organizational stress in hospital settings. *Administrative Science Quarterly, 8* (4), 520-532.

Podsakoff, P. M., MacKenzie, S. B., Moorman, R. H., & Fetter, R. (1990). Transformational leader behaviors and their effects on followers' trust in leader, satisfaction, and organizational citizenship behaviors.

*The Leadership Quarterly, 1* (2), 107-142.

Rasheed, A., Lodhi, R. N., & Habiba, U. (2016). An empirical study of the impact of servant leadership on employee innovative work behavior with the mediating effect of work engagement: Evidence from banking sector of Pakistan. *Global Management Journal for Academic & Corporate Studies, 6* (2), 177-190.

Smith, C. A., Organ, D. W., & Near, J. P. (1983). Organizational citizenship behavior: Its nature and antecedents. *Journal of Applied Psychology, 68*(4), 653-663.

Stogdill, R. M., & Coons, A. E. (1957). Leader behavior: Its description and measurement. Columbus: Ohio State University, Bureau of Business Research, Monograph No. 88.

Valerio, A. M. (1990). A study of the developmental experiences of managers. In K. E. Clark & M. B. Clark (Eds.), *Measures of leadership* (pp. 521-534). West Orange, NJ: Leadership Library of America.

Van Dierendonck, D. (2011). Servant leadership: A review and synthesis. *Journal of Management, 37* (4), 1228-1261.

Walumbwa, F. O., Avolio, B. J., Gardner, W. L., Wernsing, T. S., & Peterson, S. J. (2008). Authentic leadership: Development and validation of a theory-based measure. *Journal of Management, 34* (1), 89-126.

Wang, G., Oh, I. S., Courtright, S. H., & Colbert, A. E. (2011). Transformational leadership and performance across criteria and levels: A meta-analytic review of 25 years of research. *Group & Organization Management, 36* (2), 223-270.

Wong, C. S., & Law, K. S. (2002). The effects of leader and follower emotional intelligence on performance and attitude: An exploratory study. *The Leadership Quarterly, 13* (3), 243-274.

Yukl, G. A. (2010). *Leadership in organizations* (8th ed.). Upper Saddle River, NJ: Peason Education.

Zhao, C., Liu, Y., & Gao, Z. (2016). An identification perspective of servant leadership's effects. *Journal of Managerial Psychology, 31* (5), 898-913.

# 第Ⅱ部　人的資源管理

||||||||||||||||||||||||||||||||||||||||||||||||||||||||||||||||||||||

> 組織の中で人はどのような地位や立場を与えられ，どのような役割をもって働くのだろうか。そして，仕事に励む中で人はどのように成長していくだろうか。

組織の中で働く人のマネジメントと成長について
理解する。

# 5

## 人事評価・採用・適性

　組織運営に必要な経営資源として「ヒト・モノ・カネ・情報」が挙げられる。組織の経営目標を達成するためには，組織が持つ資源を効率よく活用することが重要である。従来の組織における人事労務管理では「ヒトはコスト」とみる考え方であったが，人的資源管理では「ヒトを戦略的資源」と捉え，管理・運用することを目指している。そこで本章では，「人的資源管理」の基本概念を学び，労働者を「人的資源」と捉え，いかに戦略的に活用していくかについて述べる。

## 1. 人的資源管理

### (1) 人的資源管理とは

　日本の経営においては，経済のグローバル化やIT化，少子高齢化の進行など組織を取り巻く環境の変化と共に，複雑性が高まっている。組織が経営目標を達成するためには，さまざまな変化が経営に及ぼす影響をいち早く察知し，組織が持つ資源を効率よく管理・活用することの重要性が増している。人的資源管理とは，組織経営を行うにあたって必要な経営資源であるヒトを育み最大限に活用していく管理活動であり，組織の業績拡大を図るうえで，ヒトという重要な資源を戦略的な存在として認識するということである。これはヒトを組織にとってのコスト要因として捉えるのではなく，ヒトの持ち合わせている諸能力をプラスに捉え，それらを積極的に経営戦略に活用していこうとする経営スタイルである（上林，2012）。

　それでは，ヒトをコストや労働力としてだけでなく**人的資源**として扱うことに，どのような利点があるのであろうか。それは，ヒトが，他の一切の資源を用いて生産活動を行う唯一無二の資源であり，経営資源全体を動かす役割を担

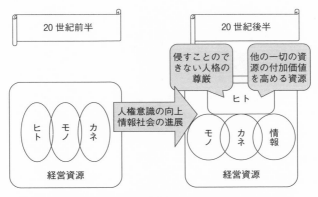

**図5-1　ヒトという資源の特異性**（梅津，2009を参考に筆者が作成）

っているということにある。企業の経営資源には**ヒト・モノ・カネ・情報**の4
要素が挙げられるが，ヒトがモノを扱い，モノを買うためのカネの調達を行い，
それらの資源にまつわる情報収集や分析などすべてを行っている。たとえば，
現代社会は第四次産業革命といわれるように，あらゆるモノがネットワークに
つながるIoT（Internet of Things）が急速に進展し，人工知能（AI: artificial
intelligence）やロボット技術により，ビジネススタイルは大きな変革を遂げて
いる。しかし，いかに高度な情報技術を駆使した設備であろうと，ヒトがいな
ければそれを動かすことはできない。情報については，ヒトがそこに意味づけ
を行い，付加価値をつけて初めて価値が生じるものである。結局はヒトがいな
ければ，モノ・カネ・情報という資源は全く意味をなさないことから，組織の
活動基盤を構成するうえで最も重要な経営資源が人的資源なのである（図
5-1）。
　しかし，ヒトは，他の資源にはない多様な感情や意志などの人格を持ち合わ
せており，組織側の都合のみで管理しようとすると，不愉快に感じ反発する場
合も考えられる。他の資源と比較すると，常に変動的であり，時に感情などに
左右され，組織に対して反抗的な態度を取る可能性もある。反対に，経営資源
の中で唯一，自ら成長できる資源であることから，個々の人材の特徴を理解し，
適切な育成計画を実施することにより，その価値をさらに高めることができる
限りない潜在能力を秘めた資源ともいえる。

　したがって，ヒトを資源として有効的に活用するためには，1人ひとりの価値を最大化し，積極的に経営戦力に活用していく管理体制が必要であり，戦略的に管理・運用する環境を整えなければならない。そして，この人的資源管理が他のマネジメントと最も異なる特徴は，感情や主体性を持つヒトに対して完全に管理する方法を見出すことは難しく，時代を経ても決定的な管理手法が生み出されることはあり得ないという点である。逆に，そのことが人的資源管理における無限の可能性であり，経営者が労働者を動機づける施策を提示できるか否かが経営を大きく左右することになる。

　このようなことから，技術革新が求められる現代の組織経営において，能力を有する人的資源を確保し，育成していくことが競争力の源泉になり得る。そして，AIの活用が進行している現代社会だからこそ，創造性や感情表現などヒトならではの強みを向上させ，ヒトが持つ潜在的な能力である**人間力**を引き出し強化することが必要である。その結果，ヒトは人間本来の知恵と能力を発揮し組織の価値創造のための貴重な経営資源となる。したがって，人的資源管理は将来的に大きな戦略になり得るだろう。

## (2) 人的資源管理の変遷

　日本では，戦前までは，労働者をいわゆるホワイトカラーと呼ばれる社員と工場を中心として労働するブルーカラーと呼ばれる工員の2つの身分に区分しており，前者を対象とする管理活動が**人事管理**，後者が**労務管理**と呼ばれていた（梅津，2009）。次第に，その管理方法も社員と工員の両方を対象とするようになり**人事労務管理**と呼ばれるようになった。このような歴史的背景の中で「日本的経営」というスタイルが戦後に確立され，日本企業の特徴として挙げられる終身雇用，年功序列，企業別組合は，三種の神器と呼ばれていた。これは終戦直後から1980年代までの日本企業におけるヒトに関する管理手法であり，経営者が労働者を対象にその使用を合理化し，生産性を高めることを目的として行われる管理手法であった。しかし，依然として育てるという発想ではなく，あくまで労働者を満足させることで現在の能力を有効に活用するという発想であり，人的資源は他の経営資源と同等の扱いであったといえる（朴・金，2014）。その後，1990年代のバブル崩壊を契機にして，このような管理方法は

次第に変革を迫られることになり，**人的資源管理**または，人的資源が組織内人材を指すことから**人材マネジメント**と呼ばれるようになった。

　それでは，従来の人事労務管理と，人的資源管理との違いはどこにあるのであろうか。人事労務管理では，組織にとって労働者は，単に与えられた仕事をこなす存在であり，組織側はその対価として報酬を支払うというコスト（人件費）と捉えられていた（上林，2016）。一方，人的資源管理では，ヒトは経営側の高い業績を上げるための戦略的な資産であると同時に，労働者側の充実したキャリアを実現する自律的な個人であるという2つの人間観に基づく視点がある（藤本ら，2007）。次に管理体制を比較すると，人事労務管理は，ヒトはコストや労働力であり，組織が最大限の利益を得られるように労働者を包括的に一元管理するという体制であった。しかし人的資源管理では，ヒトを戦略的な価値ある経営資源と見なしており，労働者を尊重し，個々の特性を経営戦略と深く結び付けている。組織の戦略計画が策定される際には，中長期にわたる人員の採用・削減計画など，必ず人事関連の問題と関連付けて計画が立てられている（上林，2016）。したがって人的資源管理では，労働者の意欲を尊重し，キャリア形成における学習施策を提供し，職業生活の充足を図る必要があるという点が着目されている。ヒトは，組織の中でも行動の自由や自律性を求める存在であり，人的資源としてヒトを管理するためには，長期的なキャリア形成の機会を提供することにより，職業生活を充実させることが不可欠である。

　したがって，人的資源管理では，ヒトを戦略的資源と考え，労働者のパフォーマンスを最大限に引き出す環境を整備することが必要である。組織の経営成果と個人の充実という双方共に成長できる人事政策を構想・設計し，具体的に運用していくことが求められるのである。

## 2. 労働市場・雇用の動向

### (1) 労働市場の変化とキャリア開発

　日本における終身雇用制度という概念が崩壊しつつある中，早期退職や中途採用，非正規雇用の増加など，雇用形態は多様化し，組織と労働者の関係は新しくなった。その結果，組織側は，自主的に**能力開発**に向けて努力する労働者

に期待し，組織に忠誠心を持ち目標達成のために最善を尽くしてくれることを望んでいる。他方で，労働者側は組織側から一方的に指示・命令を受け，仕事を遂行するのではなく，成長の機会を与えられ，自分自身の貢献に対する公正な評価を期待することになる。このような相互の暗黙の期待感は，雇用契約のように明文化されることなく，心理的なレベルでの契約が常時働いていると考えられ，これを**心理的契約**と呼ぶ（Schein, 1978 二村・三善訳 1991）。人的資源管理では，ヒトを管理するにあたり法律上の雇用契約を超えた心理的契約をいかに上手く活用するかが鍵となる。

　そして，労働者側が組織とどのような契約を結ぶべきなのかを整理するために誕生したのが，**キャリア開発**という概念である。ここではキャリアを，「職業生活を通じて蓄積させる能力の履歴」と捉える（梅津，2009）。キャリア開発では，組織や個人のどちらか一方を重視するのではなく，双方の相互作用によって発達していくものという考えに基づいている。

　まず，組織側がキャリア開発として提示したのは，労働者に**雇用されうる能力（エンプロイアビリティ）**を求めるというものである。これは所属する組織だけではなく，他の労働市場においても通用する実践的な就業能力である。組織側は，これまでのキャリアを主導する立場から個人のキャリアを支援する立場へと変化し，労働者には個人主導の自律的キャリアを築くことが求められ始めている。労働者側も，経済成長の低迷や雇用環境の変化により，長期雇用が維持されなくなった状況下ではキャリアに対する意識を変えざるを得ない。近年では，働き方は多様化しており，労働者は組織での昇進のみを目的とせず，より個人的要因を重視し，職業経験や経歴を自分自身の能力として考えるようになりつつある。組織のために働き，昇進するという労働者のキャリア意識は，自分の能力開発や可能性を広げるという意識に変化しており，組織側は，仕事の内容だけでなく仕事以外の生活や個人的要因など広い意味でキャリアの質も考慮することが求められている。

　さらに，組織側は，ヒトを人的資源として活用するときに，労働者の**職業適性**や価値観，これまでに習得した知識や能力を把握する必要があるが，その場合，労働者自身がキャリアをどのように把握し，どのような将来像を描いているかを理解しなければならない。なぜなら，個々の労働者が，組織側から提示

された未来像に共感できない場合や，自分の描くキャリア・ビジョンに反すると判断すると，心理的契約は崩れてしまうことになるからである。組織側が労働者のキャリア・ビジョンを理解する手法として，シャイン（Schein, 1978 二村・三善訳 1991）が提唱している「組織の3次元モデル」が，組織内のキャリア発達の移行段階を理解するときの参考になるだろう（第6章参照）。

## (2) 日本の雇用制度の変化

　日本の多くの大手組織では，欧米の組織のように現時点における個々の職務やポストに必要な人材を雇用するのではなく，長期的な視点に重点を置いて必要な人材を採用してきた。しかし，バブル経済崩壊以降，社会環境の変化に伴って，非正規雇用者が増加し，正規雇用者の労働関係も集団主義的であったものが，次第に，個別化の方向へと進んでいる。このような組織を取り巻く環境が大きく変容することで，雇用システムも変化を求められることになり，人的資源管理では，雇用管理制度の整備が必要となった。これは，人員の募集と採用や退職，部署への人材配置・異動，昇進などの諸制度である。

　組織が人材を調達する場合は，**内部労働市場**と**外部労働市場**の両方を活用している。内部労働市場とは，組織内部の中に存在している労働市場のことで，親会社の企業内の労働市場だけでなく，関連会社や系列会社なども含まれる。外部労働市場とは，求人市場などのことだが，派遣労働や請負労働，アウトソーシングによる外部委託なども対象となる（藤本ら，2007）。

　従来の日本企業は，内部労働市場が重視されていた。それは，他の組織にはない独自のスキルやノウハウが生産性を高めることにつながり，持続的な組織の発展に深く関係していたからである。しかし，働き方の多様化や**ワーク・ライフ・バランス**が重視されるようになり，外部労働市場が注目を集めている。それは，組織側が労働者の安定的な雇用を保障することができなくなり，個人が自らのキャリア形成について，より自覚的に取り組む必要性が高まったことが誘因と考えられる。そのような状況から，労働者側は，組織内だけで通用する知識や能力を習得することだけでなく，どの組織にも通用する専門的知識や付加価値の高いスキルを身に付けることの必要性に迫られている。したがって，組織側も外部で通用する教育の場を提供することが求められることになるが，

労働者の支援をすることで，優秀な人材流出の防止や，新しい人材獲得にもつながり，組織自体のパフォーマンスを高めることが期待できる。このような労働環境では，変化に適応する能力が求められ，**キャリアコンピタンシー**を高めることが重要である（高橋，2009）。キャリアコンピタンシーとは，現状の知識や能力に安住するのではなく，継続的に自分のキャリアや人生を前向きに切り開き続ける能力を意味しており，何よりも主体的に新しい知識や能力を学ぶ姿勢の重要性を示している。組織においても，労働者が主体的に決定したと感じられる環境が重要であり，労働者と組織のどちらかに偏った支援ではなく，双方共にプラスの関係になる支援体制が望ましく，そのためには，さまざまな施策や制度を活用することが必要である。

そして，研修や人事制度を充実させるだけでなく，組織と労働者の相互理解を深め，双方が密接なコミュニケーションをとれる関係を構築しなければならない。その結果，労働者1人ひとりが，主体的・自律的にキャリア開発を進行することにつながり，組織を取り巻く環境の変化が激しい時代においても，課題を解決して成長する強固な組織を作ることができる。**キャリア支援**は，自律型人材の育成につながり，組織の成長戦略としても位置づけられるものだといえる。

## 3. 人事評価のしくみ

### （1）組織における人事評価

労働者は，自分が組織からどのように**人事評価・処遇**されるかによって，仕事に対する意欲が大きく左右される。組織における人事評価の目的は，人材の適性配置，公正な処遇，人材育成などで，人事評価には組織文化を形成し，変革する機能がある（藤本ら，2007）。具体的にどのような人材に，いかなる職責や仕事を任せるかという問題は，仕事と人材評価に基づいて判断される。このような，ある一定基準でメンバーを評価し，その結果を処遇に反映させる活動を**人的資源評価**という（梅津，2009）。

人的資源管理では，組織が成長するために，組織における高い業績と労働者の充実したキャリアを求めていくが，労働者の満足感は評価によって得られる。

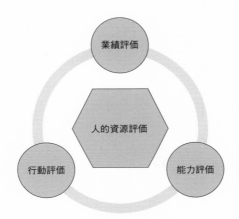

図 5-2　人的資源の 3 つの評価側面

人材育成とキャリアの満足感を高めるためにも，正当な評価は必要である。近年では，潜在的な能力より顕在的な成果を重視する考え方は，**成果主義**と呼ばれており，潜在的な能力を重視する考え方は**能力主義**と呼ばれている。つまり，個々の業務遂行結果としての成果（業績や行動などの過去）を評価するのか，過程（能力の保有度などの現在）を評価するのかに分かれる。一般に，従来の日本企業は能力主義の立場をとっていたが，1990 年以降は業績への貢献を重視する成果主義を強化してきており，労働者各自の保有する能力から，各自が実際に企業に貢献した業績を評価する考え方へと移行しつつある（上林，2012）。人的資源評価では，評価が**業績評価，行動評価，能力評価**という 3 つの側面からの評価が行われる（図 5-2）。

　第 1 に，業績評価は，一定の評価期間中における仕事量や質，目標達成状況を評価する。成果評価とも呼ばれており，業績を過去形で評価する方法は，まさに成果主義の考え方であり，現代では業績評価の結果がより重視されている。この評価の課題は，目標を達成するまでの過程については，客観的に評価しづらいという点であり，上司の意見だけでなく，同僚やリーダーなどの意見も取り入れるなど公正な評価が必要となる。

　第 2 に，行動評価は，情意評価などとも呼ばれ，労働者に求められる行動における実践度を評価する。労働者は，組織の部署に配属され，職務と役割を割

り当てられ，成果を生み出すために行動を取るが，職場行動の中で職務遂行に関連する行動のみを評価する。行動に関しては，形が残りにくく把握しづらい面があるが，遅刻や早退などの勤怠や，職場モラルに関する協調性，組織内においての月報や日報などが判断材料になり得る。この評価の課題としては，最も主観が含まれやすい面があり，職務に関わるあらゆる立場の人からの評価を集積することが望ましい。

　第3に，能力評価では，知識や交渉力などの職務遂行能力の保有度を現在形で評価する。難易度の高い仕事の達成度や緊急時の対応の方法・結果などが評価ポイントとなる。具体的にはコンプライアンスに対する意識や，人的ネットワークの構築，苦情などのトラブル管理などのリスク管理能力も評価項目に含まれる。能力評価においては，組織内の職務要件に照らし合わせて評価を行うことになり，職務の難易度により，評価の高低が変化するのが特徴である。この評価の課題としては，職能に対する組織の規定を確立する必要があることが挙げられる。

　このような評価基準は，同じ組織の中でも組織の職責が明確な管理職や，売上目標における達成率などの成果を問われる営業職などでは業績評価や行動評価が適切であると考えられるが，明確な目標を持たない若年層の一般社員や，さまざまな能力が必要な総務スタッフなどでは，明確な成果が分かりづらく能力評価が適切であると考えられる。人事評価は，このような成果やプロセス，期間などのバランスを配慮して，労働者が意欲的に組織に貢献できるように，工夫を凝らし評価制度を設計，運用することが重要である。最近では**コンピテンシー**と呼ばれる職務や役割において優秀な成果を発揮するメンバーの行動分析をもとに，組織が求める顕在化された行動特性を明らかにしたものを評価項目とする組織も増えている。コンピテンシーから導き出された行動特性を活用することで，成果だけでなくプロセスについても一定の評価基準を設けることができ，多面的な評価が期待できる。

　しかし，このような評価の中で，人事が陥りやすいエラーがある（表5-1）。このようなエラーが生じる原因として，評価対象者の行動把握が十分でなく，評価に自信がないなどが考えられる。したがって，評価対象者の行動を観察し，意思疎通を深めることが必要である。

表 5-1　**人事が陥りやすいエラー**（Cardy & Dobbins, 1994；楠田，1981）

| 名称 | 内容 |
|---|---|
| 中心化傾向 | 評価者が当たり障りのない無難な評価をしてしまい評価が中心に偏ってしまうこと |
| 極端化傾向 | 評価者が中間値の偏りを気にしてしまい極端な評価をしてしまうこと |
| 寛大化傾向 | 評価者が評価対象者から良く思われたいという意識が働いてしまい，甘い評価をつけてしまうこと |
| 厳格化傾向 | 評価者が評価対象者を頼りない存在だと感じ厳しく評価してしまうこと |
| ハロー効果 | 評価者が評価対象者の顕著な印象（優れている/劣っている）に惑わされて他の部分の評価がゆがめられてしまうこと |

　近年では組織の対応として，**多面評価**が導入されている。多面評価とは，直接の評価者だけでなく，同僚，後輩，事業などで一緒に仕事をした社員，顧客，取引先などの評価も考慮することである（奥林ら，2014）。多様な視点が反映されることで評価がより正確になると考えられる。これからの組織は，評価を個人だけに委ねるのではなく，評価基準を明確化して公正な評価を可能とする特定のしくみづくりを行うことが求められる。

## (2) さまざまな処遇・報酬

　人的資源評価では，人的資源の現在の保有能力と，今後の開発するべき能力の把握が重要であるが，組織が労働者に評価を与えた場合は，何らかの形で処遇もしくは報酬をもって結果を返さなければならない。このような組織における報酬には，**外発的報酬**と**内発的報酬**が挙げられる（第1章参照）。

　まず，外発的報酬は，金銭的報酬と非金銭的報酬に分けられる。金銭的報酬は，基本給，賞与，各種手当，退職金や年金，その他付加給付であり，非金銭的報酬は，希望するオフィス設備の提供や，職務の割り当てなどが挙げられる。外発的報酬は，その時点では高い効果をもたらすが，一時的な効力であることが多く，長期的には意欲を維持できない点が指摘されている。また外発的な報酬だけでは，労働者の自発性や自由な発想につながりにくく，長期的な施策には適していないと考えられている。

　内発的報酬には，労働者の意欲持続に大きな影響を与え得る概念である。た

とえば，責任の増大や成長の機会，職務上の自由や裁量の増加などが挙げられる。このような報酬は仕事に対する興味や関心につながり，そこから生まれるやりがいや達成感など満足感を得られ長期的な効果が見込める。また，内発的な意欲が行動につながっているため，自発的により良い行動を模索するようになり，長期的な好循環を生み出すことが期待できる。このような組織における処遇・報酬の中に**福利厚生**制度がある。福利厚生制度の中には，年金制度や雇用保険制度といった金銭的報酬要素や，非金銭的報酬要素であるリフレッシュ休暇や宿泊施設，レジャー施設などの利用制度がある。福利は幸福と利益のことを指し，厚生は豊かな生活を意味しており，従業員が幸福で豊かな生活を送るためのものである。福利厚生が充実することで，ストレス解消の効果が期待でき，さらに仕事に対する意欲が高まる可能性もある。近年では，福利厚生の取り組みが多様化している。これまで主流であったレクリエーションや保養，慰安旅行に代わって，健康管理や自己啓発などのニーズが高くなっている。このような，新しい福利厚生制度は，労働者の心身のリフレッシュや生産性の向上のためにさらに増加していくだろう。

## 4. 組織における今後のキャリア開発支援

### （1）ダイバーシティ＆インクルージョン

　我が国においては少子高齢化が急速に進行し，生産年齢人口の減少から働き手不足が深刻化している。多くの組織は，女性や高齢者などの活用や，外国人労働者の受け入れなど**働く人の多様性（ダイバーシティ）**に注目し，導入を検討している。2018年6月に**働き方改革法**が成立した（厚生労働省，2019）。これは個々の事情に応じた多様で柔軟な働き方を，自分で選択できるようにするための改革である。この中では，働き方改革を総合的かつ継続的に推進するために，2つのポイントが挙げられている。その1つ目は「労働時間法制」の見直しである。これは，働き過ぎを防ぐことで，労働者の健康を守り，多様なワーク・ライフ・バランスを実現できるようにすることである。もう1つが「雇用形態に関わらない公正な待遇の確保」で，同一企業内における正社員と非正規社員の間にある不合理な待遇の差をなくし，どのような雇用形態を選択して

も納得できるようにするというものである。

　今後，日本の組織が，労働人口減少による人材の労働力不足や，働く側の意識や価値観の多様化，グローバルな規模での消費者ニーズの多様化に対応し，組織が国内・海外市場共に競争力を維持していくためには，人材面の構造改革が必要とされる。そして，性別・国籍・年齢・知識・経験・働き方などにおける多様な人材の有効活用を推進する**ダイバーシティ・マネジメント（ダイバーシティ＆インクルージョン）**の推進に本格的に取り組む必要がある（中村，2017）。つまり，ダイバーシティ（多様性）をお互いにインクルージョン（包摂）することが持続的成長の原動力になるという考え方である。ダイバーシティの利点は，環境の変化に対して柔軟に適応できるところにある。近年の技術変化はめまぐるしく，顧客は新しい価値を求め続けるなど，環境変化も著しい。こうした状況で，これまでと全く違うものを要求されると，一様な人材だけでは変化に対応しづらくなる。しかし，ダイバーシティの原理が働くと，これまでの人材とは異なる思考を持つ人材が活躍できる場が生まれ，多角的な視点や豊富なアイディアなどが刺激し合って相乗効果となり，創造性や革新性の向上などにつながることも考えられる。さらに，多様な人材が働きやすい組織に生まれ変わることで，優秀な人材を獲得しやすくなり，ビジネス競争における優位性の獲得に期待が持てる。しかしながら，異質性の高い組織では，労働者がそれぞれの「違い」に対して，偏見や先入観を持っている可能性があり，たとえば「外国人は日本語が理解できない」「主婦は残業ができない」などの思い込みから誤解が生じることも考えられる。その結果，それらがトラブルの原因になり，逆にパフォーマンスが低下することもあり得る。

　したがって，多様な人材を戦略的に活かすには，労働者がお互いを尊重し合い，個々の実力を最大限発揮できるような組織環境の構築が急務である。そのためには，すべての労働者がダイバーシティを正しく理解できるように支援し，お互いが「違い」を個性と認められるように意識改革を図り，適切な行動を促進する教育体制が不可欠である。

## (2) 人材育成プログラムの拡充

　これからの組織では，多様な人材を活用することを考慮して，環境を整備し，

労働者のキャリア形成を支援していく必要がある。それぞれの経験や能力を認めて活用していくインクルージョンを推進することは，個々の意見を尊重する社風の実現につながり，仕事に対する意欲の向上に寄与すると考えられる。

　日本における人材開発は，**On the Job Training（OJT：職場内教育）**を中心に，**Off The Job Training（Off-JT：職場外教育）**と **Self-Development（SD：自己啓発）**支援の３点によってなされてきた（浅野，2007）。OJT とは上司や上級者などが労働者に対し，日常の業務を通してその業務に必要な能力を重点的かつ計画的に習得させる教育手段である。Off-JT とは職場を離れて，社内で企画したプログラムや社外で開発されたプログラムの受講によって，必要な能力を習得させる教育手段である。SD は，自己の持つ能力や意識を，自分自身で高めることである（浅野，2007）。組織ではこのような人材開発を行ってきたが，労働者の職業意識が多様化し，能力開発やスキルを伝授するには現在のOJT では困難になり，Off-JT においても，多様な人材に対して一律に教育を行うだけでは労働者の満足感が得られにくくなっている。何より短期的成果を重視する人事施策では，自己啓発意欲が高まりにくい。そのような問題点を踏まえて，組織側は，今までのような教育の提供だけでなく，労働者の「将来なりたい姿」という自主性を尊重し，キャリア支援によって意欲の向上を図り，人材開発を進めなければならない。

　これからの組織の人材開発は「教育の提供」と「キャリア開発支援」の双方が重要となる。まず，教育の提供では，OJT，Off-JT，SD において従来の枠に

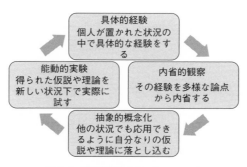

**図 5-3　経験学習モデル**（Kolb, 1984）

とらわれず，自社の人材特性を考慮し，教育を柔軟なプログラムにする必要がある。第1に，OJTでは，**経験学習**（図5-3）に基づくフォローアップが必要である。これは「具体的経験→内省的観察→抽象的概念化→能動的実験」という4段階により構成されており，このサイクルを繰り返すごとに，人は学び成長していくとされている。これは，まず具体的な経験をすることで新たな気づきが生まれ，内省的観察によりさまざまな観点から結果を振り返り，省察した内容を他の場面でも使えるように概念化し，実践して検証するというサイクルである。組織側は，この経験学習モデルのサイクルが円滑に働くように支援を行うことも必要である。

　第2に，Off-JTでは，新たな形態として「カフェテリア型研修プラン」の導入の是非が本格的に検討され始めている。これは，企業内福利厚生に属する複数の制度を選択可能なメニューとして用意し，労働者にメニューの中からの自由な選択を保障する運営管理制度である（柳屋，2011）。採用人材の多様化が進む中，個々の労働者が必要とする知識や能力に違いがあり，階層や年齢など必要なタイミングで受講するという制度であるが，多様な人材を効果的に活用するために，今後は導入していく組織も増加していく可能性が高い。

　第3に，SD支援であるが，ITネットワーク環境の普及により，e ラーニングで学ぶ人が増えている。近年では職務遂行能力向上のための自己啓発を，Corporate Self Learning（CSL）と呼び（産業能率大学総合研究所，2017），個人の自律的・主体的な能力開発を組織が計画的に促進することで，個人の成長，組織の発展，社会への貢献につなげていこうとする教育施策が始まっている。組織が経営環境の変化に柔軟かつ迅速に対応するための人材開発施策として注目されている。

　次に，組織側のキャリア開発支援では，「キャリア・ビジョン検討機会の提供」「期待要件の提示」「経験の場の提供」が必要である（浅野，2007）。第1に，組織側が経営戦略の方向性を必要とするのと同様に，労働者も「将来のなりたい姿（キャリア・ビジョン）」を持ち，戦略を立てることが求められる。具体的には，管理者側は，**キャリアコンサルティング**などの機会を設けて丁寧にヒアリングすることにより，労働者のキャリア・ビジョンを把握することができる。キャリアコンサルティングとは，労働者の職業の選択，職業生活設計または職

業能力の開発および向上に関する相談に応じ，助言および指導を行うことをいう（厚生労働省，1969）。そのためには，組織側はキャリアデザイン研修やキャリアコンサルティングの相談窓口を設置するなど，労働者のキャリア・ビジョンが少しずつ明確になるように支援する機会を設けることが望まれる。そして労働者側も，さまざまなキャリア理論の活用など将来への見通しを鮮明にすることが大切である。

　第2に期待要件の提示である。労働者に対して組織からの期待要件を提示するためには，コンピテンシーを活用することが望ましい。コンピテンシーは，人事考課の指標として導入されていたが，近年では人材開発の指標として注目されている。これは，従業員がどのような能力を開発すべきなのかということについて具体的な行動レベルで示されているため，期待要件を伝えるメッセージになる。労働者は期待要件を理解することにより，経営の方向性を理解したキャリア・ビジョンを形成できる。

　第3に，キャリア・ビジョンが明確になると，その実現のための経験を積む必要がある。組織側は，自己申告制度や社内公募制度など，組織のしくみを整備し，労働者の能力開発と配置転換を連動させるなどの工夫が求められる。

　今後，個人の自律的キャリア開発に向けた努力と組織側のキャリア支援のための施策は，その両者のどちらを欠いても組織における人材育成は望めない（宮城，2013）。

　労働者は，自分らしいキャリアを形成するために，主体的な学びを継続し，個人と組織の成長に向けて意欲的に取り組む姿勢を持ち，組織は労働者の1人ひとりの価値観に寄り添いながら，自律的行動を支援することで，個人と組織が共に成長する組織風土につながるだろう。

> ## ワーク：HRM（ヒューマンリソースマネジメント）ワーク
> (1) あなたの身近な組織を4つの経営資源（ヒト・モノ・カネ・情報）に振り分け
>    て考えてみましょう。
> (2) 「業績評価」，「行動評価」，「能力評価」について，メリット・デメリットを考
>    えてみましょう。組織が多様化する中で，これからの働き方においてどのよう
>    な評価が必要か考えてみましょう。
> (3) ダイバーシティ推進について，さまざまな企業が具体的にどのような取り組み
>    を行っているかをインターネットで調査してみましょう。
>    以上，詳しくはダウンロード資料（p. ii）を参照。

**■ 引用文献**

浅野良一（2007）．人材開発の基本　産業能率大学

Cardy, R. L., & Dobbins, G. H.（1994）．*Performance appraisal: Alternative perspectives.* Cincinnati, Ohio: South-Western Publishing.

藤本雅彦（著）　額賀　剛（監修）（2007）．人と組織を強くする人材マネジメント　産業能率大学

上林憲雄（2012）．人的資源管理論　日本労働研究雑誌，*54*（4），38-41.

上林憲雄（2016）．人的資源管理　中央経済社

Kolb, D. A.（1984）．*Experiential learning: Experience as the source of learning and development.* Englewood Cliffs, NJ: Prentice Hall.

厚生労働省（1969）．職業能力開発促進法 Retrieved from https://www.mhlw.go.jp/web/t_doc?dataId=76001000&dataType=0&pageNo=1（2019年8月7日閲覧）

厚生労働省（2019）．働き方改革――一億総活躍社会の実現に向けて― Retrieved from https://www.mhlw.go.jp/content/000474499.pdf（2019年3月15日閲覧）

楠田　丘（1981）．人事考課の手引　日本経済新聞社

宮城まり子（2013）．企業におけるキャリア形成支援のための人事施策　法政大学キャリアデザイン学部紀要，*10*，213-232.

中村　豊（2017）．ダイバーシティ＆インクルージョンの基本概念・歴史的変遷および意義　高千穂論叢，*52*（1），53-82.

奥林康司・上林憲雄・平野光俊（2014）．入門 人的資源管理（第2版）　中央経済社

朴　容寛・金　壽子（2014）．人的資源管理論の歴史とその評価に関する研究　大阪産業大学経営論集，*15*（2・3），195-204.

産業能率大学総合研究所（2017）．CSL産業能率大学が考える人材育成「2020年問題 その先の人材育成を考える」 Retrieved from https://www.hj.sanno.ac.jp/cp/feature/201711/08-06.html（2019年8月24日）

Schein, E. H.（1978）．*Career dynamics.* Reading, MA: Addison-Wesley Publishing.（二村敏子・三善勝代（訳）（1991）．キャリア・ダイナミクス　白桃書房）

高橋俊介（2009）．自分らしいキャリアのつくり方　PHP研究所

梅津祐良（2009）．人材マネジメント・エッセンス　産業能率大学

柳屋孝安（2011）．わが国におけるカフェテリアプランの実態と労働法上の諸問題　法と政治，*61*（4），1178-1143.

# 6

## キャリア形成

近年，働き方やライフスタイルは極めて多様化しており，自らの将来を考えるうえでは，多くの選択肢がある。したがって，キャリアについては自分自身で考える必要があり，自律的，主体的にキャリアをデザインすることが求められている。自分らしくキャリア理論を活用するには，1つの理論だけでなく，複数の理論を組み合わせるなどの工夫が必要である。そこで本章では，学術的なキャリア理論を概観し，それらを理解する意義について示したうえで，具体的に理論をどのように活用するかについて述べる。

## 1. キャリアとは何か

### （1）キャリアとは

近年，労働市場の変化に伴い，キャリアという言葉は個人の職業生活を論ずる場合のキーワードの1つとなっており，幅広く捉えられている。キャリア（career）は中世ラテン語の車道を起源とし，英語で初めて，競技場におけるコースやその足跡を意味するものとなった。そこから，人がたどる経歴なども表すようになり，さらに特別な訓練を要する職業や生涯の仕事，職業上の出世や成功をも意味するようになってきている。厚生労働省では，キャリアは，一般に「経歴」「経験」「発展」さらには，「関連した職務の連鎖」などと表現され，時間的持続性ないしは継続性を持った概念として定義されている（厚生労働省，2002）。そして，キャリアは，出世のような結果ではなく，プロセスと捉えられており，キャリアを積んだ結果，職業能力が蓄積されていくのである。

一般的にキャリアについては，狭義のキャリア（**ワーク・キャリア**）と広義のキャリア（**ライフ・キャリア**）に分けられている（宮城，2015）。狭義のキャリアは職業・職務・職位・履歴・進路を示しており，すなわち職業内容やこれ

から進むべき進路や方向性と捉えられている。一方，広義のキャリアはライフ・キャリアとも呼ばれ，生涯・個人の人生とその生き方の本質と，表現のしかたであると考えられている。このようにキャリアの概念は，単なる職業や進路にとどまらず幅広い生き方を指すようになってきており，まさに馬車の轍のように人が職業生活や人生を歩んだ軌跡そのものと捉えられるようになりつつある。

　近年では，社会のグローバル化や，雇用形態の変化などに伴って人々の価値観は多様化し，働き方や暮らし方も大きく変容しており，ライフスタイルの選択肢は無数に存在している。さまざまな組織でロボットや AI の活用を進めており，日本の労働人口の 49％の仕事は AI やロボット等に代替可能であるとの推計結果が得られている（野村総合研究所，2015）。組織では，消費者ニーズの多様化や高度化により，ビジネスの在り方が変容していることから，**ダイバーシティ・マネジメント**の考え方が浸透しつつある。これは，組織が労働者の多様な個性を柔軟に受け入れ，人材が持つあらゆる能力を最大限に活用し，組織力を強化するものである。

　このような時代にキャリアを形成するためには，将来のビジョンに対して真剣に向き合い，自分自身の価値観に照らし合わせてキャリア形成をしていくことが望まれる。キャリアを形成するといった場合，「将来的な計画を立て，それに沿って努力することで，成し遂げられる」というイメージを持たれやすい。しかしながら，時代はめまぐるしく変化を遂げており，長期的な展望を持って職業を継続する見通しが立てにくい状況である。したがって，定年までの数十年先の緻密な目標設定を行っても，転職や失業を余儀なくされる状況が起こる可能性もある。さらに，今後の組織においても，AI の普及や多様な人材活用など大きく変革することが考えられ，労働者は新たな局面を迎えることになる。

　この時代に，自分らしいキャリアをつくるには，「自ら立つ」より「自ら律する」ことが重要であり，自分が主体的に律していくことが望まれる（高橋，2009）。つまり，主体的にキャリアを向上させる努力をすることで，やりがいのある充実した業務を任せられる可能性があるが，逆に，自己のキャリア形成に無為無策でいると，自己の能力向上が図れないだけでなく，能力に差が生じることで業務上の連携に支障をきたすこともあり得る。その結果，信頼が失わ

れることになり，組織の中でもリスクを抱えることになる。現代の成熟した社会ではそれぞれ1人ひとりが，世の中の流れや自らの人生を鑑みながら，独自の幸福を追求していくことが必要である（藤原，2017）。自分自身のキャリアと向き合い，学びを繰り返しながら，状況に応じて目標を変化させる柔軟性を持ち，ライフステージに合わせて自分らしい働き方を選択していくことがこれからの時代には必要である。

### （2）キャリア理論の活用方法

　それでは，具体的にキャリア理論をどのように活用すれば良いのだろうか。さまざまな理論は，キャリア支援に携わる人だけでなく，個人がキャリアや**職業適性**を考える際の道標の役割を果たしてくれる。実際に能力開発というのは，本人の主体的な意思があって初めて開発できるものであり，「自分自身がどのような能力開発をすべきなのか」「この方法が将来に実際に役立つのか」など迷いが生じることは多い。そのような折に，これまでのキャリアを振り返るツールや，これからのキャリアを設計するガイドラインがあれば，解決策の糸口になり得る。

　キャリア理論には，異なる視点や切り口で書かれたものがあり，自分自身が共感できる理論を自由に組み合わせてキャリア設計を考えるのも1つの方法である。さらに，経験や知識，能力という外面的なことだけでなく，欲求や動機など心理特性を理解することを重視した方法もある。自分自身の状況に応じて，複数のキャリア理論を組み合わせるなど，実際に試してみることが，新しい自己の発見につながり，今後のキャリア構築に役立っていくだろう。

## 2. キャリアカウンセリングの理論

### （1）ドナルド・スーパーの理論と活用方法

①ドナルド・スーパーの理論

　スーパー（Super, 1980）は，キャリアとは人が生涯を通じて各種の役割を同時に果たしながら変化し，発達していくものであるという理論を構築している。スーパーの**キャリア発達理論**からのアプローチは，職業選択の一時点にとどま

らず，生涯にわたるキャリア発達の解明に焦点を当てている点が特徴である。個人のキャリアはどのような場面で，どのような役割を果たしているのかなど，キャリアを包括的に捉えている。

　スーパーは，個人は多様な可能性を持ち，さまざまな職業を選択することができると述べている。そして，職業発達は個人の発達の1つの側面であり，知的・情緒的・社会的発達と同様に個人の一般的発達の特徴を備えているとされる。キャリア発達の過程は，職業を通して**自己概念**を実現することを目指しているということである。

　スーパーは後年，**仕事の重要性研究（Work Importance Study）**という国際比較研究を発表した。この研究の中では，キャリア発達に大きな影響を及ぼす要因として，「価値」と「役割」の2つの視点を取り上げ，この両者の関連性を重視している（中西ら，1988a）。価値においては，1つもしくはいくつかの価値観が組み合わさって，個々の仕事に対する価値観が生まれていると述べられており，**14の労働価値**（表6-1）を特定している（Super& Nevill, 1986; Nevill& Super, 1989）。1990年代初めまでの研究では職業的役割の持つ意味は，他の役割行動と密接に関わるが，同時に年齢段階や性別文化的環境によっても影響を受けることが見出された（中西ら，1988b）。

表6-1　14の労働価値（仕事の重要性研究）
(Super & Nevill, 1986; Nevill & Super, 1989)

| | | |
|---|---|---|
| 1 | 能力の活用 | 自分の能力や知識を発揮できる |
| 2 | 達成 | 良い結果が得られたという実感を得る |
| 3 | 美的追求 | 美しいものを創りだせる |
| 4 | 愛他性 | 人の役に立てる |
| 5 | 自律性 | 自分の意志によって自主的に行動する |
| 6 | 創造性 | 新しいものや考え方を創り出せる |
| 7 | 経済的価値 | お金を稼ぎ，高水準の生活を送る |
| 8 | ライフスタイル | 自分の行動を計画し，自分の望む生活を送る |
| 9 | 身体的活動 | 身体を動かす機会を持てる |
| 10 | 社会的評価 | 社会に成果を認められる |
| 11 | 危険性，冒険性 | わくわくするような体験ができる |
| 12 | 社会的交流性 | さまざまな人と接点を持ち，グループで働く |
| 13 | 多様性 | 多様な活動ができる |
| 14 | 環境 | 心地良い環境で活動ができる |

### ②自己概念と職業適合性

　スーパーは自己概念（図 6-1）を発達，実現させていくプロセスが**職業的（キャリア）発達**であると捉えている。自己概念には，自分自身に関してどのように捉えているかという「個人が主観的に形成してきた自己概念」（主観的自己）と，「他者からの客観的なフィードバックに基づき自己によって形成された自己概念」（客観的自己）がある。これらは環境や経験の影響を受けながら一生を通じて独自の自己概念を形成し，発展していく。

　この自己概念の評価的要素として，肯定的な評価と否定的な評価がある。肯定的な自己概念は，人を積極的に行動させる力となり，次のステップに意欲的に挑戦することを動機づける。しかし，否定的な場合は自尊感情が低く，消極的で意欲が低下する。このように自己概念が低く否定的な場合には，職業選択も不適切になりがちである。スーパーは，職業的自己概念と共に人と職業の適合性を重視しており，適切な職業選択には，肯定的な自己概念が必要で，この肯定的な自己概念を形成するためには，日常接している周囲の人から与えられるフィードバックが極めて重要であるとしている。

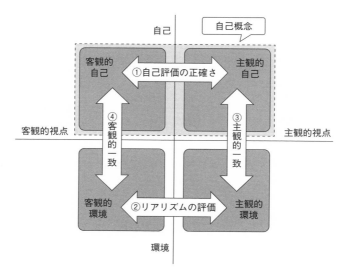

**図 6-1　スーパーのキャリア自己概念の模式図**（岡田，2007）

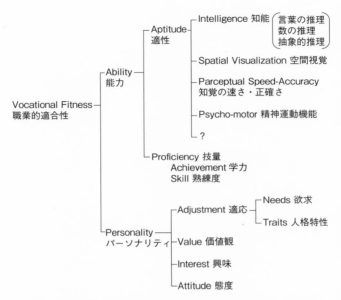

**図 6-2　D. E. スーパーの職業適合性**（Super, 1969 をもとに渡辺, 2018 が訳出）

　また，スーパーは「人と職業のマッチング」に関して，**職業適合性モデル**
（図 6-2）という概念を示した。職業適合性は大きく「能力」と「パーソナリテ
ィ」からなり，能力には適性と技量が含まれている。知能は適性の一部であり，
技量の中には学力と技能が含まれ，共に能力の一要素と位置づけられている。
また，パーソナリティには，適応，価値観，興味，態度を含んでいる。
　スーパーは職業選択と自己概念の関係について「仕事とは自分の能力，興味，
価値観を表現するものである。そうでなければ，仕事は退屈で無意味なものに
なってしまう」（Super, 1969）という言葉を残しており，この考え方は現代の
**キャリアカウンセリングやキャリアコンサルティング**の場で活用されている。

### ③ライフ・キャリア・レインボー（ライフステージとライフロール）
　スーパーが提唱したライフ・キャリア・レインボーは，人が生まれてから死
ぬまでの間，ライフ・キャリアをどのように構成するのかを視覚的に描写した
ものである。ライフ・キャリア・レインボーでは，キャリアを「時間」軸と

表 6-2　スーパーのキャリア・ステージと発達課題
(Super, 1957b 日本職業指導学会訳，1960 および Super, 1990 を参考に作成)

| 発達段階と時期 | 職業的発達課題 |
|---|---|
| 成長段階<br>（0～14歳ごろまで） | 他者との関わりを通じた現実的な自己像の形成段階<br>身体的成長や自己概念の形成 |
| 探索段階<br>（15～25歳ごろまで） | 希望の職に就くための機会の創出，自己理解の発達，さまざまな仕事や必要要件を理解し，社会における自己の場所の発見段階 |
| 確立段階<br>（25～45歳ごろまで） | 新たなスキルの開発，特定の職業分野に定着する，家庭や社会における役割の確立段階 |
| 維持期<br>（45～65歳ごろまで） | 職業上の発達した地位や家庭，社会における役割の維持，自己改革の段階，退職準備 |
| 解放期<br>（65歳～） | 職業生活からの引退，引退後の生活段階，新しいライフスタイル |

「役割」軸の2次元で捉えている。

　「時間」軸は，**ライフステージ**（キャリアの段階）（表6-2），「役割」軸は**ライフロール**（キャリアの役割）を意味している[1]。スーパーによれば，キャリアは選択した後変化せずにそのまま維持されるのではなく，生涯にわたって発達し，変化していくものと考えられている。

　ライフステージとは，人生の時間軸を5つの発達段階に分けたものである。それぞれのステージではキャリアの視点からの発達課題があり，それに取り組むことを通じて，人間的に成長を遂げていくとされる。ライフステージの発達段階は，成長期・探索期・確立期・維持期・解放期に分けられている。スーパーは，このライフステージ上の**キャリア発達**の一連のサイクルを**マキシサイクル**と呼び，転職，異動，定年など変化のたびに新たなミニサイクル「新成長，新探索，新確立」がらせん状に繰り返されキャリアが発達していくと述べている（Super, 1985）。

　ライフロールは，ライフスペースとも呼ばれ，人生において，それぞれの時期で人が果たす役割のことであり，これを虹のイメージを用いて図式化したものが**ライフ・キャリア・レインボー**である（図6-3）。人が一生涯に果たす役割

---

　1　ここでは「キャリア・ステージ」「ライフステージ」「キャリアの段階」を同義に使用している。

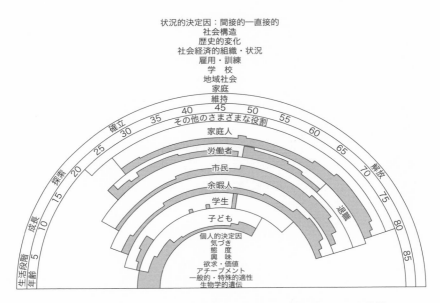

**図6-3　ライフ・キャリア・レインボー**（Super, 1984 をもとに渡辺, 2018 が訳出）

は少なくとも6種類あり，その役割とは，1. 子ども（息子・娘），2. 学生，3. 余暇人，4. 市民，5. 労働者，6. 家庭人が挙げられている。人生の時間軸の中で，人はさまざまな役割を果たしながら人生を送っており，そして同時に大半の人は，多くの場面で複数の役割を同時に担っている。ライフ・キャリア・レインボー（図6-3）の影の部分はある個人がそれぞれの役割にどの程度の時間とエネルギーを投入したかを例示している。さらに，人生で主に演じるそれぞれの役割の重要性は，「情意的側面（思い入れの程度）」と「行動的側面（時間やエネルギーの投入の程度）」および「認知的側面」の3要素によって多重的に決定されると考えられている（Super, 1980）。

　これらの役割は相互に影響し合っており，限られた自分自身のリソースをどの役割に分配するかによって，新たな気づきにつながりやすい。この概念は，それぞれの年代における多様な役割をバランスよく同時に果たしながら個人が発達し，生涯成長していくことを重要視している。

#### ④ドナルド・スーパーの理論の具体的活用法

　スーパーのライフ・キャリア・レインボーでは，職業上の指向や能力向上だけでは，キャリアの発達は成し得ないと考えられている。キャリアの発達においては，職業能力とライフロール（キャリアの役割）は相互関係にあり，影響を与え合うものであると述べられている。キャリアを発達させるためには，仕事や社会，家族や友人などのさまざまな役割をバランスよく果たしながら，経験を積み重ねて人生を展開していくことが望まれる。したがって，ライフ・キャリア・レインボーは，現在と過去（10年前），現在と未来（10年後）など自分自身のキャリア形成における役割の変化を認識するのに役立つといえる。現状において，バランスよく個々の役割を果たすことができ，満足できる場合には，個人のライフ・キャリアは成功しているといえる。しかし，役割の組み合わせや連携がうまくいかない場合には，あらためて役割を見直しバランスを変えるなどの調整が必要になる。

　人がそれぞれの役割をバランスよく果たすためには，乗り越えるべき困難も生じるが，その際，重要となるのが「14の労働価値」である。あらためて14の労働価値において「重要度の順位」を考えることにより，現状の自分自身が現時点でどのような価値を重要視しているのかを明確にすることができる。その結果，個々の役割に配分するべきパワーバランスを理解することができ，それを仕事や生活，人間関係に反映させることで，長期的な満足度の高いキャリア形成が実現される。

## (2)　ジョン・ホランドの理論と活用方法

#### ①ジョン・ホランドの理論

　ホランド（Holland, 1985 渡辺ら訳 1990）は，個人の性格特性と仕事環境との相互作用がキャリア選択に大きな影響を及ぼすと捉えた。個人は自分の性格特性と一致するような社会的環境で仕事をすることによって，より高い職業的満足度を得ることができると考え，**職業興味の6角形モデル**を提唱した。これは，人の性格特性を6つの基本的タイプに分け，その6つのタイプを6角形上にあらわし，それぞれの関係性を明らかにしたものである。ホランドの**職業選択理論**に基づいた診断ツールは複数開発されているが，VPI職業興味検査

（Vocational Preference Inventory）は，**職業適性**のアセスメントとして現在でもキャリア教育において広く用いられている。

### ② 6つのパーソナリティ・タイプ

　ホランドは，性格特性および職業環境の特徴を6つのタイプに分類しており，両者のマッチングをはかることに着目している（表6-3）。ホランドの理論では，あるパーソナリティ・タイプを持つ人は，同じタイプの職業を選択することによって，職業満足や，職業上の安定と業績を得ることができると考えられている。したがって，個人のパーソナリティ・タイプを調べ，それと職業のタイプが合致すれば，妥当な適職を選択できるとされる。また，この理論には人と職業の調和だけでなく，人と環境の相互作用によって，人の興味や能力は発達するというキャリア発達の視点も含まれている。

　これらのパーソナリティ・タイプは英語の頭文字を取って RIASEC と覚えることができる。6つのパーソナリティ・タイプを正六角形の頂点に配置した際，両隣の2つのタイプとは比較的親和性が高い関係にある。隣り合う文字の

表6-3　職業的なパーソナリティ・タイプの内容（Holland, 1997 渡辺ら訳 2013）

| タイプ名 | 特徴 | 職業例 |
|---|---|---|
| ①現実的（Realistic） | 物，道具や機械など扱うことを好み，明確で秩序的，組織的な操作をともなう活動を好む傾向を示す | 電気技師，技術職，整備士，農作業 |
| ②研究的（Investigative） | 物理学，生物学，文化的諸現象を対象とした，実証的，抽象的，体系的および創造的に研究する活動を好む傾向を示す | 科学者，物理学者，数学者，医者 |
| ③芸術的（Artistic） | 芸術的作品の創造を目的とした，物理的素材，言語的素材，あるいは人間自身などを巧みに扱うことが必要なあいまいで自由で体系化されていない活動を好む傾向を示す | デザイナー，作家，演劇家，音楽家 |
| ④社会的（Social） | 他者に影響を与えるような，情報伝達，訓練や教育，治療や啓発のような活動を好む傾向を示す | 教師，カウンセラー，看護師，保育士 |
| ⑤企業的（Enterprising） | 組織的目標の達成や経済的利益を目的とした他者との交渉を伴う活動を好む傾向を示す | 営業職，管理職，人事職，販売職 |
| ⑥慣習的（Conventional） | 資料を系統的，秩序的，体系的に扱うことを必要とする活動（簿記，ファイリングなど）を好む傾向を示す | 会計処理，データ管理，事務職，情報処理機器の操作 |

コードを一貫性のあるコードと呼び，その人の持つ興味，関心などに類似性が多く，適職が見つけやすい。逆に，対角線上のタイプ同士は相反する関係で，異なる傾向があり一貫性のないコードとされる。

　プレディガー（Prediger, 1981）は，ホランドの研究を継承し，この6角形モデルのさらなる基本原理には4つの**ワーク・タスク・ディメンジョン**（図6-4）があるとし，「データ・アイディア・人間・もの」の4つの分野に存在するとした。

①データは，事実や記録，ファイル，数字，規則的な手順を扱う活動である。会計，購買に関わる仕事が挙げられる。
②アイディアは，創作，発見，解釈など新しい方法で抽象的概念，理論，知識などを表現する活動である。科学者，音楽家，哲学者などが挙げられる。
③人間は，人の援助，知識を伝える，奉仕する，説得する，もてなす，励ます，指導するなどの活動である。教員，販売員，看護師など対人的活動を指す。
④ものは，機械，メカニズム，材料，道具，物理的・生物学的プロセスなどを扱う活動である。機械，道具などの対物的活動や農民，技師などが挙げられる。

　この4つを2つの次元にまとめたものがワーク・タスク・ディメンジョンであり，「人間」対「もの」，「データ」対「アイディア」は，相反するものであり，反対に位置する仕事は好まないとされる。したがって，RIASEC に対応する仕事は4つのワーク・タスクの組み合わせであるともいえる。

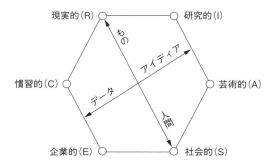

**図6-4　ワーク・タスク・ディメンジョン**（Prediger, 1981 宮城 2015）

### ③ジョン・ホランドの理論の具体的活用法

　ホランド理論を用いると，自分自身の職業興味や関心・能力を理解し，望ましい職業選択を行うことが可能となる。ホランドの理論を用いた診断ツールは複数あり，結果の表示は異なるが，いずれも6タイプごとの興味・能力の強さが表示される。これを手がかりに，「自分自身の実感と合っているか」「なぜこのような結果になったのか」などを検討して，自己理解を深めることに意味がある。

　特に大学生や若い労働者は，目標とする職業や現在の職業が自分に向いているか判断がつきづらい場合があるが，職業名ではなく仕事内容で興味を探る検査を行うことにより，自己の興味領域を理解しやすくなる。多くの職業から職業選択するときに，自分自身のタイプやどの職業に適性があるのかを理解することにより，具体的に職業選択を考えることができる。ホランドの理論を用いることで，自分の興味・関心や独自のスキルや才能を活かして，仕事に対する満足度を高めることができるだろう。

## （3）エドガー・シャインの理論と活用方法

### ①エドガー・シャインの理論

　シャイン（Schein, 1978 二村・三善訳 1991）は，キャリアとは生涯を通しての人間の生き方，表現であると述べている。そして，シャインは，キャリアを個人の視点だけでなく，個人と組織の相互作用から捉えている。これは，組織も個人も共に成長し続ける存在であるという発達的視点に根ざしたものである。特に組織内キャリアを捉える場合に，**外的キャリアと内的キャリア**という概念を示している。外的キャリアは仕事内容や実績や組織内での地位など客観的側面であり，内的キャリアとは仕事に対する動機や意味付け，価値観などの主観的側面である。シャインは，このような概念から**組織の3次元モデル（キャリアコーン）**とキャリア・アンカーを提唱している。

### ②外的キャリアと組織の3次元モデル

　外的キャリアとは，職務経歴や職業という客観的に外的に把握される仕事に関するキャリアであり，組織内の3つの異動によって次元を説明することがで

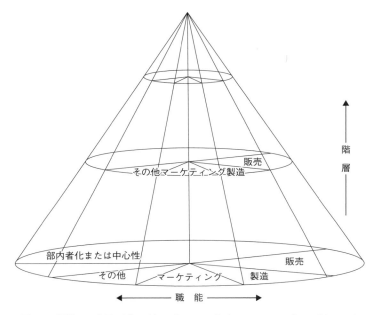

図6-5　**組織の三次元モデル（キャリアコーン）**（Schein, 1978 二村・三善訳 2018）

きる。これを**組織の3次元モデル（キャリアコーン）**（図6-5）と呼んでいる。

　第1は，階層次元である。「垂直的キャリア」の成長を示しており，地位の軸である。たとえば，係長→課長→部長のような昇進や昇格などの異動である。

　第2は，職能ないし技術次元である。「水平的キャリア」を示しており，機能の軸である。製造→営業→人事など部門間を移動するプロセスである。ジョブローテーションはこの動きに相当する。

　第3は，円あるいは核へ向かう動きである。中心性の軸であり，個人の組織上の地位自体は変わらなくても，信頼や責任を担うことにより，組織における影響力が高まり，組織の核となる人材になっていくことである。これを**部内者化または中心性**と呼ぶ。

　現実には，このような3つの次元は一般に独立している訳ではなく相互に関連し合っており，3つのうち複数の方向性が掛け合わされてキャリアが形成されていくことが多い。管理者側は，このような3つの次元を基準として，労働

者が描いているキャリア・ビジョンを理解することにより，その実現に向けて支援することができる。

### ③内的キャリアとキャリア・アンカー

　シャインは，キャリアを発達させるうえで，内的キャリアを重要視しており，キャリア・アンカーという概念を示した。労働者は外的キャリアと同様に，内的キャリアを進展させていくが，外的キャリアのどの段階であっても，自分自身が職務遂行にあたって何に価値を置いているのかについて主観的な感覚を有している。そして，人事異動や転勤，家族の誕生などの人生の節目をきっかけに，自らのキャリアを内省する機会が訪れる。そのとき，あらためて自分自身の社会経験を振り返り，キャリアに関する根本的な価値観とは何かを見つめ直すことになる。その結果，自分の生き方や人生の価値観に対して，自分なりの基軸が存在することに気づくことがある。シャインはこのような基軸が，今後

表6-4　キャリア・アンカー（Schein, 1990 金井訳 2003；宮城，2015 を参考に作成）

| 項目 | 内容 |
|---|---|
| 専門コンピタンス | 企画，販売，人事，エンジニアリングなど特定の分野で能力を発揮することに幸せを感じる |
| 経営管理コンピタンス | 組織内の機能を相互に結びつけ，対人関係を処理し，集団を統率する能力や権限を行使する能力を発揮し，組織の期待に応えることに幸せを感じる |
| 安定 | 仕事の満足観，雇用保障，年金，退職手当など経済的安定を得ること，一つの組織に勤務し，組織への忠誠や献身などが見られる |
| 起業家的創造性 | 新しいものを創りだすこと，障害を乗り越える能力と意気込み，リスクをおそれず何かを達成すること，達成したものが自分の努力によるものだという欲求が原動力となる |
| 自律（自立） | 組織のルールや規則に縛られず，自分のやりかたで仕事を進めていく，組織に属している場合，仕事のペースを自分の裁量で自由に決めることを望む |
| 社会への貢献 | 暮らしやすい社会の実現，他者の救済，教育など価値あることを成し遂げること，転職してでも自分の関心ある分野で仕事をする機会を求める |
| 全体性と調和 | 個人的な欲求，家族の願望，自分の仕事などのバランスや調整に力をいれる。自分のライフワークをまとめたいと考えており，それができるような仕事を考える |
| チャレンジ | 解決困難に見える問題の解決や手ごわい相手に打ち勝とうとする，知力，人との競争にやりがいを感じる，目新しさ，変化，難しさが目的になる |

のキャリアの方向性を明らかにするうえで有効であり，重要な判断基準となると考えた。このようなセルフイメージがあることで落ち着いてキャリアを構築できるとしたのである。そして，才能・能力，動機・欲求，意味・価値といった「自己概念」を，船をつなぎ止める安定のために用いられる錨になぞらえて**キャリア・アンカー**と名付けた。シャインは，労働者が組織の価値にどのように染まっていくのかという仮説で調査を進めていたが，結果として，会社の価値に個人が染まるのではなく，個人が独自のキャリアを歩んでいくという見解に至った。その独自のキャリアがいくつかにパターン化されることを見出し，最終的に8つのキャリア・アンカーを提唱した（表6-4）。

　キャリア・アンカーは，それによってキャリアが決定するものではなく，自分にとってより望ましい方向にキャリアを進めていくための羅針盤として用いるものである（吉川，2015）。キャリア・アンカーを明確にするためには，以下のように自分自身に問いかけることが必要である。

①何ができるのか（才能と能力）
②何をやりたいのか（動機と欲求）
③何をやっている自分が充実しているのか（意味と価値）

　これらの要因を自覚することによって，潜在的なキャリア・アンカーを自覚することができる（Schein, 1990 金井訳 2003）。このキャリア・アンカーは，個人と仕事環境の相互作用の結果であり，キャリアのスタート時には曖昧であったものが，仕事経験を積むプロセスで個人の内面に形作られていき，十数年程度で固まってくる。これはキャリア選択の際の基本方針として，さらなる経験や環境変化が起こっても，一旦形成されたキャリア・アンカーは変化しにくく，個人の重要な意思決定に大きな影響を与えると考えられている。

　このように，キャリアプランの実現に向けては組織側は労働者が何を望んでいるかを理解して，サポート体制を整えていく必要があり，労働者自身も日々の仕事に主体的・自律的に取り組み，成長を実感し，組織の発展に大きく寄与することが望ましい。

#### ④エドガー・シャインの理論の具体的活用法

　人生において大きな節目となる人事異動や転職や結婚などの時期を迎えた場合，今後自分自身が「どのような生き方，働き方をしたいのか」をあらためて考えることになる。そのような時期に，8つのキャリア・アンカーを見つめ直すことにより，自分の判断基準を明確にし「譲れない価値観」や，逆に「諦めても良い価値観」を自覚することが必要である。自分自身のキャリア・アンカーを理解することにより，今後のキャリア構築に影響が与えられ，適切な選択を行うことができる。

　キャリア・アンカーを見失うと，自分の人生の軸が安定しなくなる可能性があり，周りの雰囲気などに流されるなど，自分らしい人生を生きることが難しくなる。折々に，自分自身に「何ができるか，何をやりたいか，何をやっている自分が充実しているのか」を問いかけ，キャリア・アンカーを明確化し，自覚することにより，自分のキャリアの方向性を明らかにすることができる。こうしたプロセスが，自分の本質が求める生き方の発見につながり，自分らしいキャリアを築く一助になっていくだろう。

### (4) ジョン・クランボルツの理論と活用方法
#### ①ジョン・クランボルツの理論

　クランボルツ（Krumboltz & Lewin, 2004 花田ら訳 2005）は，偶然の出来事に遭遇したときに，自ら主体的に行動していくことが，キャリア形成に多大な影響を及ぼすと考え，**計画された偶発性理論**を提唱した。この中では，キャリアの8割が予期せぬ出来事や偶然の出会いによって決定されると述べられている。このような偶然を軽視せず，むしろ必然のように積極的に取り込むことによって，より良いキャリアが形成されることを提唱している。

　クランボルツは，バンデューラ（Bandura, 1995 本明・野口監訳 1997）の社会的学習理論を中心に据えてキャリアを検討してきた。到達すべき目標に向けて学習することの重要性を主張していたが，社会的変化が激しく，将来の見通しを予測できない時代においては，計画的なキャリア形成は困難になっていることに気づいた。さらには，緻密な計画があることにより，目先のことを見落とし，逆にチャンスを逃してしまうと考えた。その結果，学習内容を細かく

計画せずに，多様な学習を行い，変化を受け入れることにより，可能性を切り開くチャンスが増えていくという考えに到達した。たとえ想定外の出来事に出会ったとしても，それはキャリアを積むための機会であり，自分にとって「計画された偶然」と捉えることで，望ましい方向へと影響を及ぼすことを見出している。

**②計画された偶発性理論**

　クランボルツらは偶然の出来事をチャンスに変えて個人のキャリアに活かすためのスキルを5つ挙げている。

---

①好奇心：新しい学びの機会を模索する
②持続性：失敗に屈せず，努力を継続する
③柔軟性：こだわりを捨て，姿勢や状況を変えることを進んで取り入れる
④楽観性：新しい機会は実行でき達成できるとポジティブに考える
⑤冒険心：結果が不確実でも，行動を起こす

---

　この5つのスキルは，望ましいキャリア・ビジョンに向けて可能性を広げる継続的行動とまとめられる（Krumboltz & Lewin, 2004 花田ら訳 2005；新目ら，2016）。さまざまな出来事に対して，従来の環境に安住しているだけではチャンスは訪れず，現状を柔軟に変化させ，自ら新しい行動を起こすことにより，想定外のチャンスを生み出し摑み取ることができるのである。

　この理論では，現代の変化が激しく未来が予測できない社会においては，長期的な目標を設定するよりも，積極的に行動し，新しいキャリアの機会を発見することが重要であることを強調している。日常生活の中で，常に好奇心を持って新しい学習機会を模索し，予想外の出来事も柔軟に受け入れ，失敗に屈せず主体的に努力を継続することによって，キャリアを創造する機会に恵まれる可能性が高くなる。そして偶然訪れた機会を「必ずチャンスにつながる」と楽観的に捉えることで，明るい未来を想定でき，そのことが新しい挑戦に向けて一歩前に踏み出す勇気を与えてくれる。

### ③ジョン・クランボルツの理論の具体的活用法

　クランボルツの理論は，日々の生活の中で，将来への不安があり，「キャリア・ビジョンの達成に迷いがある人」や，「次のステップに踏み出すことを躊躇している人」には有効的な理論である。現代社会のように，移り変わりが早く不安定な時代にも適していると考えられる。現在持っている夢やビジョンに対して，どのように対応していくべきかを深く考え過ぎると不安が募る。失敗を恐れず可能性を広げるためには，すばやく行動を起こすことが必要である。

　そのためには，これまでの人生で「印象に残る偶然の出来事」を思い出し，「その前後に自分がとった行動はどのようなものだったか」「その予期せぬ出来事が自分にどのような影響をもたらしたか」を振り返ることが，これからの行動の手がかりになるだろう。

　そして，予期せぬ出来事にチャンスを呼び込むための5つのスキルを意識しながら，今できることに集中して一歩前に踏み出し，行動することが大切である。「予期せぬ偶然の出来事」の影響力に気づき，チャンスを活かすためには，時には冒険的であっても行動し，「自分のありたい姿」に向かってベストを尽くそうとする姿勢を持つことが望まれる。

### (5) ナンシー・シュロスバーグの理論と活用方法

### ①ナンシー・シュロスバーグの理論

　シュロスバーグ（Schlossberg, 1989　武田・立野監訳 2000）は，人生をさまざまな**転機（トランジション）**の連続と捉えており，それを乗り越える努力と工夫を通してキャリアが形成されると述べている。

　人生においては思いがけないことが起こり，どのような事態に陥るか分からない。将来に向けて目標を立てても，計画通りに進まないことも多く，このような節目や機会にキャリアを見つめ直すこともある。シュロスバーグは，どのような転機（トランジション）であっても人はそれを見定め，点検し，受け止めるプロセスを通じて苦難を乗り越えていくことができると提唱した。

　シュロスバーグは転機には3つの要素があると述べている。

　①イベント型：予測していた転機が起こる（学校卒業，定年退職）

　②ノンイベント型：予測していた転機が起きない（学校を卒業できない，定

年まで勤められない）

③その結果として人生や生活の変化が生じる（①，②の結果として起きる出来事）

　このように転機を捉え，転機がもたらす変化を客観的に把握することが重要となる。

## ②4つのトランジション

　シュロスバーグは，転機においては出来事そのものが問題となるのではなく，本人の捉え方によって転機と認識されればそれは転機になると考えている（Schlossberg, 1989　武田・立野訳　2000）。転機においては「人生役割の変化」「人間関係の変化」「日常生活の変化」「自己概念の変化」の4つの領域における変化が生じるとした。その転機を乗り越えるために利用できる内的資源を，4つに分類し，それを点検することの重要性を示している。この4つの資源の頭文字をとって「4S」と呼ぶ。

---

① Situation（状況）：状況の本質に対する自分自身の見解を評価すること
② Self（自分自身）：自分自身が持つ資質や能力である資源を評価すること
③ Support（周囲の援助）：支援がどのくらい得られる可能性があるか確認すること
④ Strategies（戦略）：状況や自己，支援を把握した後は可能な対処戦略を評価すること

---

　キャリア転換時に必要なことは，4Sについて点検し，転機を受容的に受け止め，変化を活かすために具体的戦略を立てることである。そして，それぞれの転換期を支援する以下の3つのシステムの存在があれば，さまざまな問題を解決することができるとされる（新目ら，2016）。

　①キャリア転換を支援する公的機関や民間団体

　②転換期を乗り越えるための経済的資源や物理的条件の存在

　③転換期を支援し支えてくれる人々，人間関係の存在

　キャリアの転換時にはこれらの3つの支援システムで何が欠けているかなどを確認し，不足しているものを補えるのかなどを明確化する必要がある。

### ③ナンシー・シュロスバーグの理論の具体的活用法

　現代社会では，倒産，リストラ，退職などさまざまな転機に直面することが多い。このような予期せぬ出来事に見舞われると，緻密な目標を立てづらく，訪れた転機において選択肢の中から1つの方向性を選ぶのは，精神的にも負担が大きい。それはたとえ好ましい出来事であっても，さまざまな転機には，それに伴う変化が起こり，心身共にストレスとなり，感情が不安定になるなどの影響が出る可能性もある。そのような折は，今起きている転機が「予期したものであったのか，予期せぬものであったのか」を振り返り，次に「人生役割，人間関係，日常生活，自己概念」の4つの領域をどの程度変化させるものであるかを見定め，4Sを点検することが必要である。この転機を乗り越えるためには，どのような転機であっても，4つの資源（4S）を主体的に活用することで，変化を活かしていくというポジティブな捉え方が必要であり，前向きに成長するための取り組みが重要である。

　これまで経験した転機を振り返り，どのようにそれを乗り越えてきたのかを改めて考えることにより，次の働き方に向けたヒントを見出せるだろう。

## 3. これからのキャリアデザイン

　キャリアという言葉は，個人と仕事の職業選択に始まり，個人の職業人生の発展に焦点を当てるキャリア発達を経て，現在ではより広い意味で使われるようになってきている。これまでのキャリアは，賃金を得るための職業生活という認識であったが，現在では，職業のみならず，すべての生活に関わる人生全体の満足度を考える方向へと向かっている。既に超高齢化社会が始まっており，人生百年時代といわれていることを踏まえて，あらためてキャリアの概念を捉え直し，職業のみならず人生におけるさまざまな出来事から学び，自律的かつ主体的に成長していくことが望まれる。

　それでは，著しく変化する時代において，キャリアデザインをどのように設定していくべきなのか。金井（2001）は，**キャリアの節目（トランジション）**はデザインすべきであると提唱している。この理論では，さまざまな出会いや経験において，時代に流されることで，新たなチャンスに巡り合って大きく飛

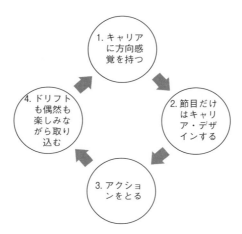

**図6-6　トランジション・サイクル・モデル**（金井, 2002）

躍できる可能性もあると考えられている。人生において細かな目標を立てるよりも，行動によって生じる予期せぬ偶然を味方につけながら漂流し，節目にはしっかりキャリアデザインを行い，またしばらく漂流するという繰り返しが，キャリア形成につながると示唆されている（金井，2002）。そのためには，節目・転機に自分自身が気づく必要があるが，その契機は4つあると述べられている。

　1つ目は**危機**の感覚である。現状のままでは危険だと察知した場合，転機が生じているといえる。危機だと感じるということは，岐路に立っているということであり，見方を変えると変化のスタート地点を見出せるはずである。2つ目は**メンター**の声である。上司や先輩と話す機会に，アドバイスをしてくれることがあれば，素直に耳を傾けて参考にすべきである。3つ目は，危機とは相反するゆとりや楽しさの感覚である。自分が行っていることが素直に楽しく，順調で円滑に遂行できたことに喜びを感じるなどは契機といえる。なぜそのように感じるようになったかを振り返ることも新しい発見につながる。4つ目は，カレンダーや年齢的な目印である。年齢の節目や，昇進や異動など仕事上の明確な節目もこれに含まれる。

　金井 (2002) は，キャリアのトランジション・サイクル・モデル（図6-6）で4つのステップを示している。1つ目は，「自分自身の夢」を持つということである。生涯を通じて夢を描きながら，節目でキャリアを見つめ直し，今後に向けて方向性を修正することが必要である。2つ目は，自分自身の危機，年齢，喜び，メンターの声などの節目となる機会を見極め，必ず「節目だけはキャリアデザインする」ことである。逆に，キャリアデザインを行うのは節目だけで十分と述べられている。意識的にキャリア・ビジョンを具体的に設定し，新しい一歩を踏み出すことになるが，綿密に描き切ることは困難である。そのためには，何が得意か（**才能と能力**），何がやりたいのか（**動機と欲求**），何に意味を感じるのか（**意味と価値**）などを自問自答して，シャインのキャリア・アンカーをイメージし，自分自身の価値観を明確にする必要がある。3つ目は，節目で今後の展望を決定したら，それに適した行動が必要になるが，勇気ある「行動の継続」こそが夢を実現することにつながるということである。4つ目は，予期せぬ出来事に遭遇することもあるが，積極的にアクションを起こすことにより，ドリフト（漂流）や偶然も楽しみながら「積極的に取り入れてチャンスにする」というクランボルツの考え方である。

　このように，これからの時代のキャリアデザインで重要なことは，目標や方向性を意識して，節目ではキャリア・アンカーをあらためてイメージしながら意思決定し，ドリフト（漂流）しながら偶然をポジティブに取り込むことにより，予期せぬ出来事から価値ある何かを発見して活かしていくという柔軟なプロセスであると考えられる。このような時代にキャリア理論を活用する際には，単一理論だけでなく，複数理論を統合させることも1つの方法である。最も大切なのは，自らが将来の方向性を模索し，自律的にキャリア開発を行う姿勢を持ち，個人としても生涯を通して学習し，職業能力を磨き続けることである。そのためには，多様な人材がライフステージを通して活躍できるように学びの機会を広げていくことが望まれる（金井，2002）。

　さらに，現代のような変化の激しい時代に，自分らしいキャリアを築いていく際には，継続的に自分のスキルを高めていくことのできる思考・行動特性である**キャリアコンピタンシー**が重要であると考えられている。「いま何を知っているか」よりも「新しいことを学ぶ能力」が大切である（高橋，2009）。人生

百年時代では，これまで以上に社会との関わりが長くなり，ライフステージの各段階で活躍し続けるためには，常に新たなスキルを獲得することが必要である。このような時代では限られた世代の学びだけでなく，生涯学習を継続しながらバランスよく生活することで充実感や満足感を得られるだろう。矢澤ら（2018）は，仕事や私生活領域に「学び」を組み込んだインテグレーション（統合）を考え，3領域で得たものを好循環させながら，柔軟かつ主体的に働き方，生き方を考えることが，一層多様化するキャリアの自律的形成においても重要になっていくことを強調している。そして，これからのキャリア形成においては，**ワーク・ライフ・インテグレーションが重要になることが示されている**（矢澤ら，2018）。ワーク・ライフ・バランスは，「仕事と生活を両輪にたとえ，双方でうまくバランスを取る働き方を目指すもの」である。一方，ワーク・ライフ・インテグレーションとは，「会社における働き方と個人の生活を，柔軟に，且つ高い次元で統合し，相互を流動的に運営することによって相乗効果を発揮し，生産性や成長拡大を実現するとともに，生活の質を上げ，充実感と幸福感を得ることを目指すもの」とされる（経済同友会，2008）。これは，仕事と私生活を一義的に分けるのではなく，統合させるということであり，そうすることで双方の経験が相乗効果となり人生が豊かになると捉えるものである。仕事以外の時間の使い方が仕事の成果に結び付く可能性もあり，プライベートの交友関係が仕事につながることもあり得る。仕事が終わった後にスポーツジムに行くのではなく，組織の中にスポーツジムを設け，仕事の合間に利用することで，それがストレス解消になり仕事の効率が高まることなども一例として考えられる。このように，仕事と私生活の境界が薄まり，優先順位をつけるストレスも軽減することで，結果として，どちらに対しても充実感を持ちながら毎日を過ごすことができる。そして，仕事と私生活領域に新たに，「学び＝ラーニング」を組み込んだインテグレーション（統合）を考慮し，3領域で得たものを好循環させながら，主体的に生き方を検討することが，多様化するキャリアの自律的形成において重要になっていくと考えられる（矢澤ら，2018）。

　人生の満足感を高めるために，これからのキャリアデザインでは，仕事，私生活に学びを組み込んだ統合的視点で取り組み方を工夫し，好循環させることが求められる。そして，この3つの充実感が相乗効果を生み出し主体的にキャ

リアを形成していく姿勢に影響を及ぼし，自己実現に向かう大きな力となるだ
ろう。

---

### ワーク：キャリアデザインワーク

(1) 仕事の選択
(2) ライフ・キャリア・レインボー
(3) 14 の労働価値
(4) 6 つのパーソナリティタイプ
(5) キャリア・アンカー
(6) 偶然の出来事
(7) 転機となった出来事
(8) これからのキャリアデザイン
　以上，詳しくはダウンロード資料（p. ii）を参照。

---

**■ 引用文献**

新目真紀・梅村慶嗣・椛野　潤・輕部雄輝・下村英雄・高橋　浩・永作　稔・松田侑子・水野雅之・渡部昌平（2016）．資料シリーズ No. 165 職業相談場面におけるキャリア理論及びカウンセリング理論の活用・普及に関する文献調査　Retrieved from https://www.jil.go.jp/institute/siryo/2016/documents/0165.pdf

Bandura, A. (1995). *Self-efficacy in changing societies.* New York: Cambridge University Press.（本明寛・野口京子（監訳）（1997）．激動社会の中の自己効力　金子書房）

Bell, A. P., Super, D. E., & Dunn, L. B. (1988). Understanding and implementing career theory: A case study approach. *Counseling and Human Development, 20* (8), 1-20.

藤原和博（2017）．10 年後，君に仕事はあるのか？　ダイヤモンド社

Holland, J. L. (1973). *Making vocational choices: A theory of careers.* Englewood Cliffs, NJ: Prentice-Hall.

Holland, J. L. (1985). *Making vocational choices.* Englewood Cliffs, NJ: Prentice-Hall.（渡辺三枝子・松本純平・舘　暁夫（訳）（1990）．職業選択の理論　雇用問題研究会）

Holland, J. L. (1997). *Making vocational choices: A theory of vocational personalities and work environments* (3rd ed.). Odessa, FL: Psychological Assessment Resources.（渡辺三枝子・松本純平・道谷里英（訳）（2013）．ホランドの職業選択理論―パーソナリティと働く環境―　雇用問題研究会）

金井壽宏（2001）．キャリア・トランジション論の展開：節目のキャリア・デザインの理論的・実践的基礎　国民経済雑誌, *184* (6), 43-66.

金井壽宏（2002）．働くひとのためのキャリア・デザイン　PHP 研究所

経済同友会（2008）．21 世紀の新しい働き方「ワーク&ライフ　インテグレーション」を目指して　労働と経済, *1467*, 89-95.

厚生労働省（2002）．「キャリア形成を支援する労働市場政策研究会」報告書　Retrieved from https://www.mhlw.go.jp/houdou/2002/07/h0731-3a.html

Krumboltz, J. D., & Lewin, A. S. (2004). *Luck is no accident: Making the most of happenstance in your life and career.* Atascadero, CA: Impact Publishers.（花田光世・大木紀子・宮地夕紀子（訳）（2005）．その幸運は偶然ではないんです！　ダイヤモンド社）

宮城まり子（2015）．キャリアカウンセリング　駿河台出版社

中西信男・三川俊樹（1988a）．職業（労働）価値観の国際比較に関する研究—日本の成人における職業（労働）価値観を中心に—進路指導研究，10-18.

中西信男・三川俊樹（1988b）．日本人の役割行動　藤本喜八・中西信男・竹内登規夫（編）進路指導を学ぶ（pp. 158-168）　有斐閣

Nevill, D. D., & Super, D. E.（1986）. *The Salience Inventory: Theory, application and research*（*Manual*）. Palo Alto, CA: Consulting Psychologists Press.

Nevill, D. D., & Super, D. E.（1989）. *The Values Scale: Theory, application, and research manual*（2nd ed.）. Palo Alto, CA: Consulting Psychologists Press.

野村総合研究所（2015）．日本の労働人口の49%が人工知能やロボット等で代替可能に（2020年1月24日閲覧）　Retrieved from https://www.nri.com/-/media/Corporate/jp/Files/PDF/news/newsrelease/cc/2015/151202_1.pdf

岡田昌毅（2007）．ドナルド・スーパー—自己概念を中心としたキャリア発達　渡辺三枝子（編）　新版キャリアの心理学—キャリア支援への発達的アプローチ（pp. 23-46）　ナカニシヤ出版

Prediger, D. J.（1981）. Aid for mapping occupations and interests: A graphic for vocational guidance and research. *Vocational Guidance Quarterly, 30,* 21-36.

Schein, E. H.（1978）. *Career dynamics: Matching individual and organizational needs.* Reading, MA: Addison-Wesley.（二村敏子・三善勝代（編訳）（1991）．キャリア・ダイナミクス—キャリアとは，生涯を通しての人間の生き方・表現である　白桃書房）

Schein, E. H.（1990）. *Career anchors: Discovering your real values.* San Francisco, CA: Jossey-Bass.（金井壽宏（訳）（2003）．キャリア・アンカー—自分のほんとうの価値を発見しよう　白桃書房）

Schlossberg, N. K.（1989）. *Overwhelmed: Coping with life's ups and downs.* Lanham, MD: Lexington Books.（武田圭太・立野了嗣（監訳）（2000）．「選職社会」転機を活かせ—自己分析手法と転機成功事例33　日本マンパワー出版）

Super, D. E.（1956）. *The vocational maturity of ninth-grade boys.* New York: Bureau of Publications, Teachers College, Columbia University Press.

Super, D. E.（1957a）. *Author vocational development: A framework for research.* New York: Bureau of Publications, Teachers College, Columbia.

Super, D. E.（1957b）. *The psychology of careers.* New York: Harper & Row.（日本職業指導学会（訳）（1960）．職業生活の心理学　誠信書房）

Super, D. E.（1963）. Self-concepts in vocational development. In D. E. Super, R. Starishevsky, N. Matlin, & J. P. Jordaan（Eds.）, *Career development: Self concept theory*（*Research Monograph* No. 4）. New York: College Entrance Examination Board.

Super, D. E.（1969）．職業指導研究セミナー報告書　日本職業指導協会（広井　甫・中西信男（1978）．学校進路指導　誠信書房に再録）

Super, D. E.（1970a）. *Work Values Inventory.* Chicago, IL: River-side.

Super, D. E.（1970b）. *Work Values Inventory manual.* Boston, MA: Houghton Mifflin.

Super, D. E.（1980）. A life-span, life-space approach to career development. *Journal of Vocational Behavior, 16,* 282-298.

Super, D. E.（1984）. Career choice and life development. In D. Brown & L. Brooks（Eds.）, *Career choice and development.* San Francisco, CA: Jossey-Bass.

Super, D. E.（1985）. *New dimensions in adult vocational and career counseling.* Occupational Paper, No. 106. Columbus, OH: The National Center for Research in Vocational Education.

Super, D. E.（1990）. A life-span, life-space approach to career development. In D. Brown & L. Brooks（Eds.）, *Career choice and development: Applying contemporary theories to practice*（2nd ed., pp. 197-261）. San Francisco, CA: Jossey-Bass.

Super, D. E., & Bohn, M. J. Jr.（1970）. *Occupational psychology.* Belmont, CA: Wadsworth Publishing Company.（藤本喜八・大沢武志（訳）（1973）．（企業の行動科学6）職業の心理　ダイヤモンド社）

Super, D. E., & Nevill, D. D.（1986）. *Values Scale.* Palo Alto, CA: Consulting Psychologists Press.

Super, D. E., Osborne, W. L., Walsh, D. J., Brown, S. D., & Niles, S. G.（1992）. Development career assessment and counseling: The C-DAC model. *Journal of Counseling and Development, 71,* 74-80.

高橋俊介（2009）．自分らしいキャリアのつくり方　PHP研究所

戸田智弘（2007）．働く理由 99 の名言に学ぶシゴト論。ディスカヴァー・トゥエンティワン

矢澤美香子（2016）．社会人のためのキャリア・デザイン入門　金剛出版

矢澤美香子・野口普子・前廣美保・本多　勇（2018）．ワーク・ライフ・インテグレーションの観点から考え
　　る大学通信教育課程の社会人学生における学びと精神的健康　武蔵野大学しあわせ研究所紀要，*1*，94-
　　110．

吉川雅也（2015）．キャリア理論における主体性　関西学院商学研究，*70*，25-39．

渡辺三枝子（編）（2018）．新版キャリアの心理学　第 2 版　ナカニシヤ出版

# 第Ⅲ部　安全衛生

|||||||||||||||||||||||||||||||||||||||||||||

　産業・組織で働く人々を守るものは何だろうか。また，働く人々に困難が訪れたとき，どのようなケアがなされるのだろうか。

　産業・組織に関わるさまざまな制度を知り，働く人々への支援について理解する。

# 7

## 産業・労働分野の制度・法律・倫理

　本章では，産業・労働分野の制度・法律・倫理について解説する。特に，他の心理学分野にない，特別法としての労働基準法や就業規則，安全配慮義務と守秘義務の関係といった特色を学習する。これらの制度や法律についての知識は，社会人として働く上で必要になることはもちろんのこと，産業心理臨床の現場で働く上では，深く理解しておかねばならない。将来，産業分野で活躍する心理職が増えることを切に願い本章を執筆する。

## 1. 産業場面のメンタルヘルス対策の特異性

### （1）労使関係

　**労使関係**とは，労働者と使用者（経営者）との契約関係のことをいう。労働契約法第2条で，労働者は使用者に使用され労働し賃金を受け取り，逆に使用者は労働を受領し，賃金を支払うという関係である。つまり，労働者は労務提供義務を負う代わりに賃金を受ける権利を有し，逆に使用者は労働を提供してもらう権利を有し，賃金支払い義務を負う。このような関係に入る約束を民法においては**雇用契約**，労働基準法や労働契約法においては**労働契約**という。

　産業場面でのメンタルヘルス対策とは，この労働契約が行われている場面での活動を指すため，とても広い分野に関わるものであるといえる。労働契約が続く限り，産業場面でのメンタルヘルス活動は続き，逆に労働契約が終結すると同時に終了するということも特徴の1つである。

### （2）大多数の相談に来ない従業員との関わり

　医療場面と比較した産業場面でのカウンセリングの特徴は，目の前に相談に来るクライアントが，健康な他の従業員から比較してほんの一部であるという

ことである。医療場面であれば，クライアントは来談してくる人のみが対象になるが，産業場面では，なかなか相談に来ないその他大勢の従業員，組織も意識して活動していかなければならない。心理職の活動形態として，常勤，外部機関での契約，月に数回の訪問など支援形態にさまざまなものが存在するのも特徴の１つである。

　研修やストレスチェック実施の提案などを通じて，積極的に相談に来ない従業員とも関わるような工夫が大切である。時間が許せば，全従業員との面談実施も有効である。

## 2. 特別法としての労働基準法

### （1）強硬法規
　労働契約も含め，契約は一般的には契約自由の原則がある。契約を締結するか否か，またどのような内容の契約にするかは，両当事者の間で自由に決めることができる。しかしながら労働契約については，契約自由の原則に委ねると，労働者は著しい不利益を被る可能性がある。というのも，労働は当日ではなく明日にも提供することができるものではなく（当日でしか当日の労働は提供できない），いわゆる商品を小売する商売と違い，どんなに安く提示されても仕事がないよりはましだと考える労働者が低賃金を我慢して働かざるを得ないという可能性があるからである。また，一般的にも使用者である経営者と，労働者のどちらが強いかというと明確に前者であることは，想像に難くない。

　そのような状況を踏まえて，労働基準法第13条では，「この法律に定める基準に達しない労働条件を定める労働契約は，その部分については無効とする。この場合において無効となった部分は，この法律で定める基準による」と定められている。具体的にいうと，労働基準法第32条では「使用者は，１週間の各日については，労働者に，休憩時間を除き１日について８時間を超えて，労働させてはならない」と定めている。もし個別労働契約の中で，１週間の各日について１日９時間労働させる契約があった場合，その契約の部分は労働基準法の定める１日８時間という基準に達しない。労働者から見た場合，不利な条件であるから，労働基準法第13条違反となり，その無効になった部分は労働基

準法第 32 条の定める 1 日 8 時間という基準に上書きされるのである。あまり意識されていないことであるが，個別労働契約よりも労働基準法の方が強いというのも産業場面での独自のルールである。

　同じことが，契約関係で他にも存在する。個別契約＜労働基準法は先述したとおりだが，他にも個別契約よりも優先順位の高いものが存在する。それは，**就業規則，労働協約**（使用者と労働組合が締結する契約）である。

　図 7-1 の場合は結局何曜日が休みになるであろうか？

| こんな場合はどうでしょう？ | | |
|---|---|---|
| ・ 会社と結んだ契約書　土日休み | 2019/8/29 締結 | |
| ・ 就業規則　　　　　　日曜は出勤 | 2018/1/1 施行 | |
| ・ 労働協約　　　　　　土曜休み | 2019/8/29 締結 | |

図 7-1　契約の効力について

　答えは土曜日休みが正解である。すなわち，以下のように優先順位が決まっているのである。

個別労働契約＜就業規則＜労働協約＜労働基準法

　産業場面でよく，**就業規則**を確認せよといわれるのは上記に由来している。産業場面で活動するには，労働基準法をはじめとした法律はもとより，その会社での労働協約，就業規則を必ず確認する必要がある。なぜなら，カウンセリング場面で，自分はこのような労働条件で働いているとクライエントがいくら認識していたとしても上記事情により，条件が違っている可能性があるからである。最初に会社を訪問した際は，必ず労働協約・就業規則を確認したうえでカウンセリングやコンサルテーションをするよう努めることが大切である。

　他にも**休職制度**などは各社で異なる。どのようなルールの中で専門職として働くのか，まずはそれらを確認してから活動することを肝に銘じる必要がある。

## (2) 36 協定

　労働基準法ではそもそも時間外労働（いわゆる残業）を禁じているが，例外として認められるケースが2つある。

　1つ目は，災害時の対応である。労働基準法第33条によると，「災害その他避けることのできない事由によって，臨時の必要がある場合においては，使用者は，行政官庁の許可を受けて，その必要の限度において第32条から前条まで若しくは第40条の労働時間を延長し，又は第35条の休日に労働させることができる。ただし，事態急迫のために行政官庁の許可を受ける暇がない場合においては，事後に遅滞なく届け出なければならない。前項ただし書の規定による届出があつた場合において，行政官庁がその労働時間の延長又は休日の労働を不適当と認めるときは，その後にその時間に相当する休憩又は休日を与えるべきことを，命ずることができる。」となっている。災害時でやむを得ない場合は，のちに役所の許可が得られれば時間外労働を命じることができるのである。

　2つ目が，労働基準法第36条による「使用者は，当該事業場に，労働者の過半数で組織する労働組合がある場合においてはその労働組合，労働者の過半数で組織する労働組合がない場合においては労働者の過半数を代表する者との書面による協定をし，これを行政官庁に届け出た場合においては，第32条から第32条の5まで若しくは第40条の労働時間（以下この条において「労働時間」という。）又は前条の休日（以下この項において「休日」という。）に関する規定にかかわらず，その協定で定めるところによって労働時間を延長し，又は休日に労働させることができる。ただし，坑内労働その他厚生労働省令で定める健康上特に有害な業務の労働時間の延長は，一日について二時間を超えてはならない。」という条件である。

　通称「**36協定**」というものである。この36協定があって初めて時間外労働を命じても罰されることがないのである。訪問する各社ごとに，36協定の時間数が違うため，必ず確認しておきたい情報である。また，会社によっては36協定にさらに特別条項を締結している場合がある。これは，1年のうち半分を超えない月（つまり最大6か月）において，月45時間以上を締結するものである。その会社が最大何時間時間外労働をして良いのかを確認することは，と

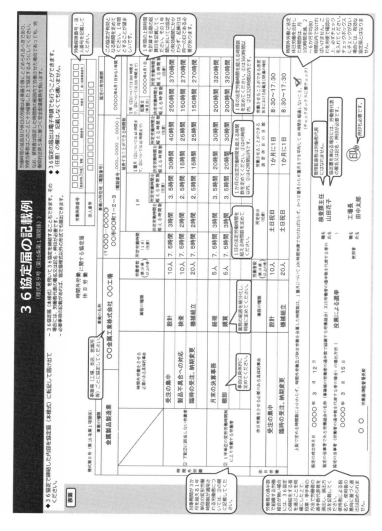

図 7-2　36協定の例（厚生労働省HPより　https://jsite.mhlw.go.jp/tokyo-roudoukyoku/content/contents/000310071.pdf）

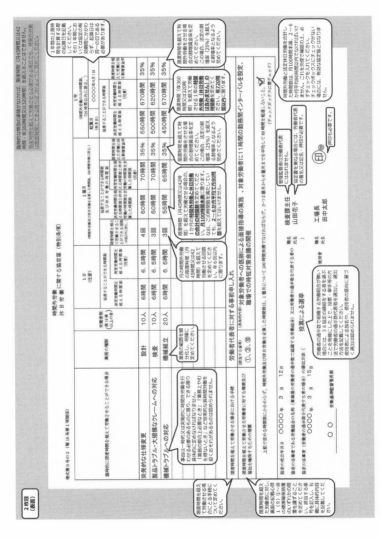

**図 7-3　36 協定特別条項例**（厚生労働省 HP より　https://jsite.mhlw.go.jp/tokyo-roudoukyoku/content/contents/000310074.pdf）

ても大切なことである。また，残業＝当たり前ではなく，特別な条件で行うことができるということも理解しておくことが重要である。

　また，特別条項を締結した会社は，労働者の健康管理措置として，「限度時間を超えて労働させる労働者に対する健康及び福祉を確保するための措置」を行う必要がある。①労働時間が一定時間を超えた労働者に医師による面接指導を実施すること。②労働基準法第37条第4項に規定する時刻の間において労働させる回数を1か月について一定回数以内とすること。③終業から始業までに一定時間以上の継続した休息時間を確保すること。④労働者の勤務状況及びその健康状態に応じて，代償休日又は特別な休暇を付与すること。⑤労働者の勤務状況及びその健康状態に応じて，健康診断を実施すること。⑥年次有給休暇についてまとまった日数連続して取得することを含めてその取得を促進すること。⑦心とからだの健康問題についての相談窓口を設置すること。⑧労働者の勤務状況及びその健康状態に配慮し，必要な場合には適切な部署に配置転換をすること。⑨必要に応じて，産業医等による助言・指導を受け，又は労働者に産業医等による保健指導を受けさせること。⑩その他のいずれかを行うことが必要とされている。⑦などはカウンセラーが担うことができ，心理職の新たな活躍の場であるといえる。

## （3）障害者法定雇用率

　障害者雇用促進法により，企業および国は一定人数程度の障害者の雇用を義務付けられている。障害者の中には，精神疾患も含まれるため，カウンセラーの支援が期待される分野である。民間企業では，2.2％以上が義務付けられているため，従業員数が45.5名以上いる企業では1名以上障害者を雇用する必要がある。100名以上の企業の場合は，それを超えて雇用している障害者数に応じて1人につき月額27,000円の障害者雇用調整金が支給され，法定雇用障害者数に不足する障害者数に応じて1人につき月額50,000円（平成27（2015）年4月1日から令和2（2020）年3月31日まで障害者雇用納付金の減額特例により40,000円）の障害者雇用納付金を納付しなければならないこととされている。人事担当者にとって，障害者の雇用で悩むときに障害者の心理や必要な対応を相談できる心理職の出番があると考えられる。

## 障害者雇用率制度の概要

障害者について、一般労働者と同じ水準において常用労働者となり得る機会を与えることとし、常用労働者の数に対する割合（障害者雇用率）を設定し、事業主等に障害者雇用率達成義務を課すことにより、それを保障するものである。

■ 民間企業における雇用率設定基準

$$\text{障害者雇用率} = \frac{\text{身体障害者、知的障害者及び精神障害者である常用労働者の数} + \text{失業している身体障害者、知的障害者及び精神障害者の数}}{\text{常用労働者数} + \text{失業者数}}$$

※ 短時間労働者は、原則、1人を0．5人としてカウント。
※ 重度身体障害者、重度知的障害者は1人を2人としてカウント。短時間重度身体障害者、重度知的障害者は1人としてカウント。

■ 特殊法人、国及び地方公共団体における障害者雇用率
一般の民間企業の障害者雇用率を下回らない率をもって定めることとされている。

（参考）　現行の障害者雇用率　（平成30年4月1日から。平成33年4月より前に、さらに、0.1%ずつの引き上げ。）

&lt;民間企業&gt;
民間企業　＝　2.2%
特殊法人等　＝　2.5%

&lt;国及び地方公共団体&gt;
国、地方公共団体　＝　2.5%
都道府県等の教育委員会　＝　2.4%

**図7-4　障害者雇用率制度の概要**
（厚生労働省 HP より　https://www.mhlw.go.jp/content/11704000/000469913.pdf）

## 3. 企業におけるメンタルヘルス対策

### (1) 労働契約法・安全配慮義務・指針

　2000 年代前半では，実は企業におけるメンタルヘルス対策は義務化されていなかった。労働安全衛生法第 69 条で「事業者は，労働者に対する健康教育及び健康相談その他労働者の健康の保持増進を図るため必要な措置を継続的かつ計画的に講ずるよう努めなければならない」と定められているのが法的な根拠であった。それに基づき 2006 年 3 月に厚生労働省より**労働者の心の健康の保持増進のための指針**が出され，長きにわたり職場のメンタルヘルス対策がなされてきた。

　その後労働契約法が 2008 年に労働基準法から独立した際に，第 5 条に「使用者は，労働契約に伴い，労働者がその生命・身体等の安全を確保しつつ労働することができるよう，必要な配慮をするものとする」として，**安全配慮義務**が明文化され，義務化された。この頃から企業が従業員の心身の健康を必ず守

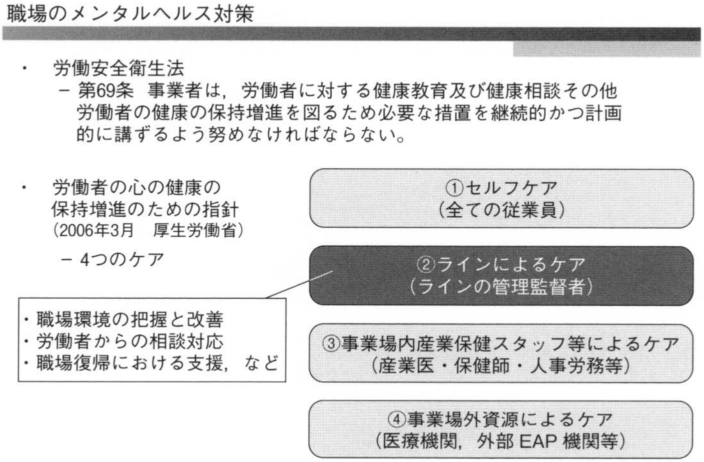

職場のメンタルヘルス対策

・　労働安全衛生法
　　－ 第69条　事業者は，労働者に対する健康教育及び健康相談その他
　　　労働者の健康の保持増進を図るため必要な措置を継続的かつ計画
　　　的に講ずるよう努めなければならない。

・　労働者の心の健康の
　　保持増進のための指針
　　（2006年3月　厚生労働省）
　　　－ 4つのケア

① セルフケア
（全ての従業員）

② ラインによるケア
（ラインの管理監督者）

・職場環境の把握と改善
・労働者からの相談対応
・職場復帰における支援，など

③ 事業場内産業保健スタッフ等によるケア
（産業医・保健師・人事労務等）

④ 事業場外資源によるケア
（医療機関，外部 EAP 機関等）

図 7-5　職場のメンタルヘルス対策

らなければならないことが義務化されたのである。さらに 2015 年施行の労働安全衛生法により，**ストレスチェック制度**が義務化され，企業でのメンタルヘルス対策は必須のものという時代になってきたのである。ストレスチェック制度の義務化というのは企業にとってどのような必要性と重要性があるのであろうか。関連する専門職である，心理士（臨床心理士・公認心理師）と社会保険労務士の 2 つの視点で考えていきたいと思う。

　まず心理士の立場からいえば，今回のストレスチェックの義務化はとても歓迎すべきことであると考えている。これまでのメンタルヘルス対策といえば 1,000 名以上の大企業が中心であった。筆者も，ストレスチェックを活用してその後のメンタルヘルス対策につなげるという支援は，大企業でしか実施したことがなかった。しかしながら，2015 年の法改正により，労働者数が 50 名以上の企業にストレスチェックの実施が義務付けされ，50 名未満の会社では努力義務とされた。これまでメンタルヘルス対策は大企業が実施するものという認識が一般的であったが，このことから，中小企業においても，ストレスチェックは実施義務のあるものへと変わってきたのである。

　ストレスチェックは，いうならばアンケートと同じで，ストレスチェックを

するだけではほとんどメンタルヘルス対策としての効果はない。中小企業はこれまでメンタルヘルス対策が義務化されておらず，対策も実質ほとんど行ってこなかったのが現実である。それが少なくともストレスチェックが義務化されたことによって，中小企業でもストレスチェックだけではなく，その後の改善につなげていこうという機運が出てきているように感じている。

　次に社会保険労務士としてストレスチェックをどう捉えているかというと，企業にとって，どうしても外せない義務が追加されたと考えている。安全配慮義務が労働契約法に明記されて以来，企業が義務を果たしているかどうかが厳しく問われるようになってきた。万が一，なにか企業に賠償責任が求められたときに，企業は義務をきちんと果たしていたといえるかどうかを厳しく問われるようになったのである。今回義務（50名以上）と努力義務（50名未満）が課されたが，たとえば，ストレスチェックを実施していなかった場合で，労災などが起きたとき企業は義務を果たしていたとはいえず，確実に裁判で不利になるのである。つまり，企業はメンタルヘルス対策以前に，企業の経営リスクとしてストレスチェックは必ず実施しなければならなくなったのである。公認心理師もストレスチェック制度の実施者として活躍できるようになっているので，ぜひともストレスチェックも通じて，企業での活動につなげていってほしい。

　安全配慮義務を一番分かりやすく解説するには，工場での労務管理がイメージしやすいだろう。たとえば工場を巡視していると，電線がちぎれていることを見つけたとする。このとき，これは危険だと気づき（（1）**危険予知義務履行**），

---

安全配慮義務を履行するには
以下の2つの義務を履行している必要があります

（1）危険を予知する義務 ＝ 危険予知義務
職場における危険，特に働いている人の周りにある危険を予知・発見すること

（2）危険を回避する義務 ＝ 結果回避義務
リスクを除去・低減させ，なお残留するリスクに対して作業者にその存在などを示し，日々のKY活動などで，危険・災害が顕在化しないように対策をとること

**図7-6　安全配慮義務を履行するには**

周囲にパイロンを設置する（(2) **結果回避義務履行**）というものである。この
2つを履行することが安全配慮義務の履行には必要なのである。

## (2) 長時間労働

　第2節 (2) において，残業＝当たり前ではないということを述べた。ではそ
の残業はどの程度であれば認められるのであろうか？

　経営者の中には，「自分が新入社員の時は徹夜どころか，3日ぐらい徹夜す
るのが当たり前だった」などと言う人がいる。では現代ではどうであろうか？

　36協定を結んでいれば，何時間でも残業できるという時代があった。それが，
2019年4月より，原則毎月80時間を超えての残業ができなくなった（時間外
労働＋休日労働月100時間未満，2～6か月平均80時間以内とする必要があ
る）。

　大きな変更があったのは，**精神障害の労災認定要件**の変更である（図7-7，
7-8）。この変更により，たとえば3か月連続100時間超の残業や2か月連続
120時間超の残業は即座に労災認定されるようになった。その意味で企業にお
いてカウンセリングしている際に，上記長時間労働を察知した場合は，長時間
労働者に対する傾聴などの当事者への（直接的な）支援だけではなく，人事あ
るいは経営者にリスクであることを伝えることが求められるようになる。

## (3) 労災と企業責任

　これまで述べてきたように，企業は経営をしていくうえで労働者の安全を守
る義務がある。メンタルヘルスのみならず，身体面も同様である。昨今多く見
られるのが，いわゆる**ハラスメント**（セクハラ・パワハラなど）である。この
ような問題は，職場内でのコミュニケーション不全に起因していることも多く，
カウンセラーやコンサルタントたる心理職の活躍が期待される問題でもある。

## (4) 守秘義務と安全配慮義務

　産業場面において守秘義務と安全配慮義務は，最も難しいテーマである。筆
者は上場企業の人事として働いた経験もあるが，専門職であるカウンセラーと
一番コンフリクトが発生するのがこのテーマである。既に述べてきたように，

**精神障害の労災認定要件**

労災認定のための要件は次のとおりです。

① 認定基準の対象となる精神障害を発病していること

② 認定基準の対象となる精神障害の発病前おおむね6か月の間に、業務による強い心理的負荷が認められること

③ 業務以外の心理的負荷や個体側要因により発病したとは認められないこと

● 「業務による強い心理的負荷が認められる」とは、業務による具体的な出来事があり、その出来事とその後の状況が、労働者に強い心理的負荷を与えたことをいいます。

● 心理的負荷の強度は、精神障害を発病した労働者がその出来事とその後の状況を主観的にどう受け止めたかではなく、同種の労働者が一般的にどう受け止めるかという観点から評価します。「同種の労働者」とは職種、職場における立場や職責、年齢、経験などが類似する人をいいます。

図 7-7　精神障害の労災認定要件

（厚生労働省 HP より　https://www.mhlw.go.jp/bunya/roudoukijun/rousaihoken04/dl/120215-01.pdf）

企業には安全配慮義務を履行する必要がある。そのために外部・内部問わず心理職他専門職を雇い，安全配慮義務を履行するのである。

　一方心理職は高い倫理要件により，**守秘義務**が課せられている（たとえば公認心理師法第 40 条「公認心理師は，正当な理由がなく，その業務に関して知り得た人の秘密を漏らしてはならない。公認心理師でなくなった後においても，同様とする。」や，臨床心理士倫理要綱第 2 条「業務上知り得た対象者及び関係者の個人情報及び相談内容については，その内容が自他に危害を加える恐れがある場合又は法による定めがある場合を除き，守秘義務を第一とすること」）などである。

　では守秘義務と安全配慮義務が拮抗した場合はどうであろう。たとえば，この面談が終わったら会社構内で自殺しようとしていると開示された場合である。判断は難しいが，基本的には安全配慮義務を履行するのが正しいケースが多い。なぜなら，労働者自身の心身の安全が最も大切だからである。産業場面で活動するにあたっては，この守秘義務と安全配慮義務のバランスを常に意識してほしい。

| ③(仕事の量・質) | | ★ | 心理的負荷の総合評価の視点 | 具体的出来事 | 【「弱」「中」「強」になる例】 |
|---|---|---|---|---|---|
| 仕事内容・仕事量の(大きな)変化を生じさせる出来事があった | 15 | ★ | ・業務の困難性、能力・経験・経験とのギャップ等<br>・時間外労働、休日労働、業務の密度の変化の程度、責任の内容・責任の変化の程度等<br>(注)発病前おおむね6か月において、時間外労働時間数に変化がみられる場合には、他の項目でも評価されるため、この項目でも評価する。 | ○仕事内容・仕事量の大きな変化を生じさせる出来事があった<br>・担当業務内容の変更、取引量の急増等により、仕事内容、仕事量の大きな変化(時間外労働時間数としてはおおむね20時間以上増加し1月当たりおおむね45時間以上となるなど)が生じた | 【「弱」になる例】<br>・仕事内容の変化が容易に対応できるもの(※)であり、変化後の業務の負荷が大きくなかった<br>※ 会議・研修等への参加の強制、職場のOA化の進展、部署との統廃合、同一事業場内の所属部署(担当係)の変更、担当業務としての非正規職員の教育等<br>・仕事量(時間外労働時間数等)に「中」に至らない程度の変化があった<br><br>【「強」になる例】<br>・仕事量が著しく増加して時間外労働も大幅に増える(おおむね倍以上に増加し、1月当たりおおむね100時間以上となる)などの状況となり、その後の業務に多大な労力を費した(休憩・休日を確保するのが困難なほどの状態となった等々を含む)<br>・過去に経験したことがない仕事内容に変更となり、常時緊張を強いられる状態となった |
| 1か月に80時間以上の時間外労働を行った | 16 | ★ | ・業務の困難性<br>・長時間労働の継続期間<br>(注)この項目の「時間外労働」は、すべて休日労働時間を含む。 | ○1か月に80時間以上の時間外労働を行った<br>(注)他の項目で評価されない場合の み評価する。 | 【「弱」になる例】<br>・1か月に80時間未満の時間外労働を行った<br>(注)他の項目で評価されない場合のみ評価する。<br><br>【「強」になる例】<br>・発病直前の連続した2か月間に、1月当たりおおむね120時間以上の時間外労働を行い、その業務内容が通常その程度の労働時間を要するものであった<br>・発病直前の連続した3か月間に、1月当たりおおむね100時間以上の時間外労働を行い、その業務内容が通常その程度の労働時間を要するものであった |
| 2週間以上にわたって連続勤務を行った | 17 | ★ | ・業務の困難性、能力・経験とのギャップ等<br>・時間外労働、休日労働、業務の密度の変化の程度、責任の内容・責任の変化の程度等 | ○2週間(12日)以上にわたって連続勤務を行った<br>・平日の時間外労働だけではなせない業務量がある、休日に対応しなければならない業務が生じた等の事情により、2週間(12日)以上にわたって連続勤務を行った(1日あたりの労働時間が特に短い場合、手待ち時間が多い等の労働密度が特に低い場合を除く) | 【「弱」になる例】<br>・休日労働を行った<br><br>【「強」になる例】<br>・1か月以上にわたって連続勤務を行った<br>・2週間(12日)以上にわたって連続勤務を行い、その間、連日、深夜時間帯に及ぶ時間外労働を行った(いずれも、1日あたりの労働時間が特に短い場合、手待ち時間が多い等の労働密度が特に低い場合を除く) |

**図7-8　精神障害の労災認定要件**（「業務による心理的負荷評価表」より抜粋）

（厚生労働省HPより　https://www.mhlw.go.jp/bunya/roudoukijun/rousaihoken04/dl/120215-01.pdf）

## （5）産 業 医

　産業医となるためには，事業場において労働者の健康管理等を行う産業医の専門性を確保するため，医師であることに加え，専門的医学知識について法律で定める一定の要件を備えなければならない。

　厚生労働省令で定める要件を備えた者としては，労働安全衛生規則第14条第2項に次のとおり定められている。

- 労働者の健康管理等を行うのに必要な医学に関する知識についての研修であって厚生労働大臣の指定する者（法人に限る。）が行うものを修了した者
- 産業医の養成等を行うことを目的とする医学の正規の課程を設置している産業医科大学その他の大学であって厚生労働大臣が指定するものにおいて当該課程を修めて卒業した者であって，その大学が行う実習を履修したもの
- 労働衛生コンサルタント試験に合格した者で，その試験の区分が保健衛生であるもの
- 学校教育法による大学において労働衛生に関する科目を担当する教授，准教授又は講師（常勤勤務する者に限る。）の職にあり，又はあった者
- 前各号に掲げる者のほか，厚生労働大臣が定める者

　産業医の職務として，労働安全衛生規則第14条第1項に規定されており，具体的には表7-1の事項で，「医学に関する専門的知識を必要とするもの」と定められている。

　また，産業医の職場巡視等について，労働安全衛生規則第15条第1項で次のとおり定められている。

　　　産業医は，少なくとも毎月1回作業場等を巡視し，作業方法又は衛生状態に有害なおそれがあるときは，直ちに，労働者の健康障害を防止するため必要な措置を講じなければならない。

　カウンセラーとして企業で活動していると，産業医と関わることが少ないケースも散見される。しかしながら，労働安全衛生の要となるのは産業医である。産業医と連携を怠った場合，場合によっては法的な責任を問われる可能性もあるので，必ず連携をとるよう心掛けてほしい。

表7-1 産業医の職務

| |
|---|
| 健康診断及び面接指導等（法第66条の8第1項に規定する面接指導及び法第66条の9に規定する必要な措置をいう）の実施並びにこれらの結果に基づく労働者の健康を保持するための措置に関すること。 |
| 作業環境の維持管理に関すること。 |
| 作業の管理に関すること。 |
| 前3号に掲げるもののほか，労働者の健康管理に関すること。 |
| 健康教育，健康相談その他労働者の健康の保持増進を図るための措置に関すること。 |
| 衛生教育に関すること。 |
| 労働者の健康障害の原因の調査及び再発防止のための措置に関すること。 |

　産業場面における心理職の役割は現状どうであろうか。日本臨床心理士会の2016年調査によると産業・組織・労働領域で活動する臨床心理士は8.3%でしかない（日本臨床心理士会，2016）。多くの人が労働しているということは，たくさんの潜在的なクライエントが存在しているということである。しかしながら，臨床心理士や公認心理師といったカウンセラーのうち，わずかしか産業場面で活躍していないのである。

　今後，**働き方改革，ハラスメント問題，同一労働同一賃金**と労使関係は激動の時代を迎えるだろう。その際に必須とされるのが，心理職であるといえるのではないだろうか。ビジネス場面で活躍するカウンセラーが多くいる日本になることを祈念して本章を締めたいと思う。

---

### ワーク：メンタル対策はしなきゃリスク
　ダウンロード資料（p. ii 参照）の事例について，企業は安全配慮義務として，どのように対応する必要があるでしょうか。

---

■ 引用文献

日本臨床心理士会（2016）．第7回「臨床心理士の動向調査」報告書　Retrieved from https://www.jsccp.jp/member/news/pdf/doukoucyousa_vol7.pdf

# 8 作業改善・安全衛生

　作業改善や安全衛生は，企業において労働災害を防ぐために必要なものである。労働災害はほんのわずかな心身の不調が原因で発生の可能性が高まる。日ごろから「労働災害は起きるもの」という認識のもと職場環境を整えることが企業のリスク管理につながる。また，作業改善は生産性向上に直結し得る。作業改善は，製造業を中心に発展したが，過労死等の対策のためにもこの考え方が多くの業種で必要となる。

## 1. 近年の労働災害の傾向

### （1）労働災害とは

　**労働災害**は労働基準法第八章に規定されており，その冒頭の第75条には「労働者が業務上負傷し，又は疾病にかかつた場合においては，使用者は，その費用で必要な療養を行い，又は必要な療養の費用を負担しなければならない」とある。つまり，労働災害とは，労働者が業務時間中に業務に関することがきっかけで負ってしまったけがや病気，および，そのけがや病気が引き金となった障害や死亡を意味する。それらのけがや病気などに関する治療費や休業中の給与などは企業が補償しなければならず，ひとたび労働災害が発生した際の企業の金銭的損失ははかり知れない。そのため，実際に労働災害が発生した場合，労働者やその遺族への補償は労働者災害補償保険（一般に「労災保険」という，以下「労災保険」）によって賄われる。労災保険は国が管掌しており，労働者を1人でも雇っている企業はすべて，労災保険に加入しなければならない。

　そして，労働災害が発生したときの損失は，金銭面にとどまらない。労働災害に遭った労働者は，当然のことながら治療に時間がとられ，その分働くこと

ができない。たとえば，日常生活の中で調理中に包丁で指を切ってしまうと調理が止まってしまうことと似ている。こうした労働者が働けないことによる労働力の損失を労働損失といい，労働損失日数は労働災害の重大さを語る際に用いられる。労働損失以外にも，労働災害の発生によって企業が被る損失はある。大きな労働災害の場合は救急車を呼ばざるを得ないが，救急車を呼ぶと警察が来て労働災害に事件性がなかったか事情聴取される。その後，労災保険の申請の事務手続きだけでなく，労働基準監督署に提出する資料作りにも時間がかかることがある。

　そして，労働災害による労働損失の最たるものは死亡災害である。たとえばその職場で労働災害を防ぐための取り組みがなされていなかった場合，事業主や被災労働者の上司などが安全配慮義務違反を問われることがある。そうした場合，作業停止や労働災害の原因となった機械の使用停止などといった行政処分が科せられることがある。また，運送業は運輸局の管轄であるが，管轄官庁のある業種の場合は，厚生労働省からその管轄官庁へ通報されることもある。そして，後述する労働安全衛生法に違反していたとして，罰金や懲役が科せられる場合があり，併せて業務上過失致死罪が問われることもある。こうした処分が課された事業主に対しては，近年より厳しい対処がなされるようになってきている。厚生労働省が企業名を公表するのもその一例である。また，マスコミに掲載されることにより，社会的信用の低下を招き，取引先や顧客からの信頼の失墜にもつながる。

　企業で起こるけがや病気には，ひとたび起きれば企業存続さえも危ぶまれることがあるほどに，実に多くのリスクを抱えている。

## (2)　労働災害を防ぐための施策

　労働関係の法律の1つに労働安全衛生法がある。労働安全衛生法は昭和47（1972）年に成立した法律で，労働関係の法律の中では比較的新しい。労働安全衛生法は，「職場における労働者の安全と健康を確保」すると共に，「快適な職場環境の形成」を目的としている。そして，その目的を果たすため，「労働災害の防止のための危険防止基準の確立」「責任体制の明確化」「自主的活動の促進の措置」などといった「総合的計画的な対策」を推進することとしている。

こうした一連の対策を推進する活動を**安全衛生活動**という。つまり，労働安全衛生法は，労働災害を防ぐためにつくられた法律といえる。

　労働基準法は戦後ほどない昭和22（1947）年に制定されたが，その頃から労働基準法には安全衛生に関する項目が含まれていた。その後，高度経済成長期になると，毎年6,000人を超える労働災害死亡者が発生するという事態となった。昭和36（1961）年には，労働災害による死傷者数は48万人に至り，死亡者は実に6,712人となった。労働基準法が制定された昭和22（1947）年では想像できないほどの大規模工事が行われるようになり，技術も発展した。もはや労働基準法中の14条の規定だけでは，安全衛生活動の範囲が追いつけなくなってきており，昭和47（1972）年，時代に合わせる形で労働安全衛生法が成立した。

　労働安全衛生法は労働災害から労働者を守るための法律であり，技術や産業形態，労働環境といった時代背景にあわせて常に変わり続けている法律である。近年では，大阪の印刷工場の労働者が発症した胆管がんの労働災害認定を受けて化学物質の取扱いが強化された。

## （3）安全衛生活動

　労働安全衛生法は，事業主へさまざまな安全衛生活動を求めている。たとえば，「責任体制の明確化」として企業に管理体制の整備を求めている。労働者数や業種によって異なるが，労働者数50人以上の企業は衛生管理者や産業医，安全衛生委員会を設置する必要がある。危険性・有害性のある作業では，作業主任者という作業を安全に進めるための責任者を設置する必要もある。「労働災害の防止のための危険防止基準の確立」としては，たとえばクレーンを扱う場合は合図を統一しなければならないといったような，労働災害を起こしそうな危険・有害なものについて，多くの労働災害防止策を求めている。その他，年に1回の健康診断の実施が義務付けられている他，安全衛生教育の実施といったものも企業に求めている。

　そして，労働災害がひとたび起きたときは，状況により，これらの安全衛生活動が法律通りになされていたかが確認され，前述の通り罰金や懲役といった罰則が科せられることがある。

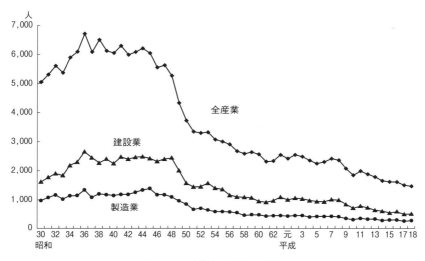

**図 8-1　死亡災害発生状況の推移**
（厚生労働省報道発表資料「平成 18 年における死亡災害・重大災害発生状況の概要」を一部改変）

　企業は労働安全衛生法に規定されている事項を守りながら，特に，製造業や建設業といった労働災害発生リスクの高い企業は，職場巡視（一般には，「職場パトロール」ともいう）やインシデント/ヒヤリハットの蓄積・共有[1]，**危険予知訓練**[2] などといった，労働安全衛生法で定められた項目を超えた自主的な安全衛生活動を日々行っていくことによって，「安全第一」という，安全を企業の中心に据える**安全文化**を育んでいった。建設業や製造業は，労働安全衛生法の遵守を取引先の取引要件にも求めるほどに，業界全体として安全風土を高めていき，今もまたその風土をより高めていっている。こうした取り組みの結

---

1　インシデントとは，実際に事故や災害にはならなかったが事故につながり得る出来事のことであり，ヒヤリハットとは，職場で感じたヒヤッとしたりハッとしたりした出来事のことである。1 つの重大事故の背後には 29 の軽微な事故があり，その背景には 300 のインシデント/ヒヤリハットが存在するというハインリッヒの法則（図 8-2）に基づき，事故や災害の手前で起きた出来事を共有・蓄積することによって，小さな異常に気づき，重大災害を防ごうとする取り組みである。
2　危険予知訓練（K-Kiken Y-Yochi T-Training）は，その頭文字をとって KYT とも呼ばれ，作業前・始業前に指差し確認などをすることで，危険な箇所を再確認する活動である。「この作業は危ないかもしれない」という認識を持って作業をすることで，作業に対する慎重性を高めることができる。

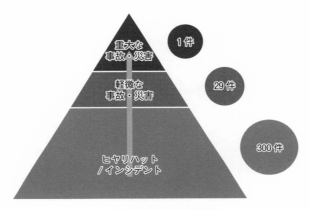

図 8-2　ハインリッヒの法則

果，高度経済成長期に最悪となった労働災害の件数は減少した（図 8-1）。

## （4）労働災害の傾向

　安全文化の浸透により大きな減少が見られた労働災害だが，昨今，その減少に陰りが見え始めている。死亡災害は平成 27（2015）年に 1,000 人を下回り，以降大きく増加する傾向にはない。一方で，厚生労働省は毎年，休業日数が 4日以上の労働災害の件数を取りまとめ分析して公表しているが，平成 10（1998）年以降は横ばいかやや減少にとどまっている（図 8-3）。

　さて，労働災害が発生する業種というとどういった業種を思い浮かべるだろうか。一般的には，機材を用いる現場がある，建設業や製造業をイメージするかもしれない。しかし実は，労働災害は全業種で発生している。死亡災害こそ，建設業や製造業が占める割合は高いが，第三次産業も労働災害の数は多い。休業 4 日以上の労働災害に限っては，第三次産業が半数以上を占めている（図8-4）。第三次産業の労働災害には，飲食業の労働者が包丁で指を切ってしまったり，階段から転倒したり，などがある。

　近年，第三次産業の労働災害の件数は増加傾向にあり，全業種で占める割合も増加傾向にある。これにはさまざまな原因があるが，第三次産業ではまだ安全文化への馴染みが薄いこと，就業構造が変化していることが挙げられる。昨

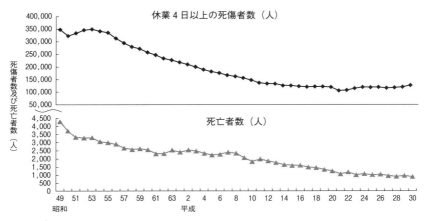

**図 8-3　労働災害発生状況の推移**（厚生労働省報道発表資料「平成 30 年　労働災害発生状況」を一部改変）
平成 23 年までは，労災保険給付データ（労災非適用事業を含む），労働者死傷病報告，死亡災害報告より作成。
平成 24 年からは，労働者死傷病報告，死亡災害報告書より作成。

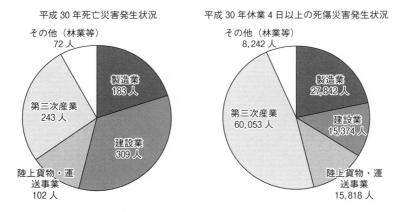

**図 8-4　業種別労働災害発生状況**（厚生労働省報道発表資料「平成 30 年　労働災害発生状況」より作成）

　今，高齢者の就業が掲げられているが，ここには労働災害のリスクが伴う。た
とえば，床で躓いたとき，若年者であれば擦り傷だけで済むかもしれないが，
高齢者であれば骨折してその治療が長期にわたることがある。身体機能の低下
を認識していないことを引き金に，若い頃と同じ感覚で作業をしてしまい，思
わず身体を痛めてしまうこともある。「第三次産業のための安全推進者モデル

テキスト（厚生労働省　平成 30 年 4 月）」では平成 28（2016）年の業種別・年齢別の休業 4 日以上の死傷病割合をまとめているが，小売業・社会福祉施設はいずれも 50 歳以上が過半数を占め，飲食店でも 50 歳以上が 35％を占めている。また，これら 3 業種のいずれでも，床や階段などでの転倒が原因の労働災害の多さが取り上げられており，現在，厚生労働省は「STOP! 転倒災害プロジェクト」を推進している。以前は，作業に慣れていない若年者層の労働者災害を防ぐことが課題となっていたが，現在は異なる課題を持つ。これらの課題への対応が求められる。

## （5）労働災害の傾向を受けての取り組み

　厚生労働省は，労働災害防止へ向け，おおむね 5 年に一度**労働災害防止計画**を策定している。産業構造や就業構造は変化し続け，それに伴い労働災害リスクは変化していくため，時代に合わせた対策をとっていく必要があるためである。各都道府県の労働局は，厚生労働省が策定した労働災害防止計画をもとに，各都道府県の実態に合わせたより細かな計画を策定して公表する。企業は，こうした計画をもとに行政の重点項目を知り，各社の実態に合わせた労働災害防止へ向けての対策をとる必要がある。

　労働災害の件数が下げ止まりとなっている昨今，労働災害防止計画に推進策として記されているものの 1 つに「**労働安全衛生マネジメントシステム**」がある。これは，労働者保護やコンプライアンスの観点から，企業経営におけるマネジメントの仕組みの中に安全衛生を取り入れることである。企業理念などに安全衛生に関する項目を盛り込むことで企業としての決意表明を行い，安全衛生への取り組みを経営課題の 1 つとして永続的に取り組めるようなしくみづくりをいう。そのしくみの中には，「計画（Plan）―実施（Do）―評価（Check）―改善（Act）」（一般に「PDCA サイクル」という）の一連の過程を定めることが求められる（図 8-5）。

　日本では平成 11（1999）年に「労働安全衛生マネジメントシステムに関する指針」が示されたが，そこでは，労働安全衛生マネジメントシステムの目的を「事業者が労働者の協力の下に一連の過程を定めて継続的に行う自主的な安全衛生活動を促進することにより，労働災害の防止を図るとともに，労働者の健

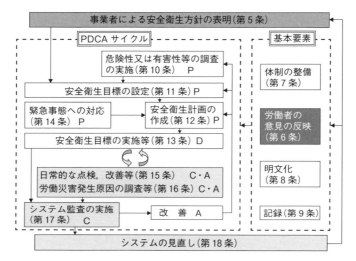

**図 8-5　労働安全衛生マネジメントシステムの概要**
（厚生労働省　職場のあんぜんサイト　https://anzeninfo.mhlw.go.jp/yougo/yougo02_1.html）

康の増進及び快適な職場環境の形成の促進を図り，もって事業場における安全
衛生の水準の向上に資すること」としている。この指針は国際的な基準である
ILO（国際労働機関）で定められた労働安全衛生マネジメントシステムに関す
るガイドラインに準拠しているが，その理念は労働安全衛生法に基づく。そし
て，平成 30（2018）年には労働安全衛生で初の国際規格 ISO45001 が発行され
た。

　労働安全衛生マネジメントシステムの根本にある考えとして忘れてはならな
いことは，労働安全衛生法において，事業者と労働者との協力が謳われている
ことである。労働安全衛生法は事業者への責務を多々課しているが，一方で第
4 条には「労働者は，労働災害を防止するため必要な事項を守るほか，事業者
その他の関係者が実施する労働災害の防止に関する措置に協力するように努め
なければならない」とある。労働安全衛生マネジメントシステムは，この考え
のもと，継続的かつ自主的に安全衛生を守る仕組みである。

　また，安全衛生活動の取り組みを後押しする施策の 1 つとして「安全衛生優
良企業公表制度」がある。厚生労働省が定める基準を満たして優良企業に認定

されると，厚生労働省のホームページに企業名が公表される。また，安全衛生優良企業マークを名刺や商品などに使用することができる。厚生労働省は，労働関係法令違反として企業名を公表しているが，その一方で自主的な取り組みを進める企業については認定のうえで公表をしている。

　労働災害の発生件数が下げ止まりとなっている今，労働安全衛生法に規定されていることを守ることを大前提に，次のステップとして各社の自主的な安全衛生活動がより求められている。

## 2. 労働災害の発生を防ぐためのリスクアセスメント

### (1) リスクアセスメントの流れ

　**リスクアセスメント**とは，職場における潜在的な危険性や有害性を見つけ出し，これを除去，低減するための手法をいう。

　前述の労働安全衛生マネジメントシステムに関する指針には，「危険性又は有害性等の調査及びその結果に基づき講ずる措置」として，リスクアセスメント等の実施が明記され，その後，平成18（2006）年にはリスクアセスメントの実施が努力義務化された。なお，化学物質のみ，平成26（2014）年にリスクアセスメントの実施が義務付けられたが，その他，作業や機械等に関するリスクアセスメントは，今なお努力義務のままである。

　リスクアセスメントの考え方のたとえとしてよく用いられるものがある。「あなたの目の前にライオンがいる場合，ライオンに襲われてけがをするというリスクをどのように回避するだろうか」。こうしたことを考えるのがリスクアセスメントである。

　リスクを回避するための最も効果的な対策は，ライオンを同じネコ科の猫に変えるという策である。こうした対策を①本質的対策という。危険・有害なものをそもそもなくしてしまうという考え方であり，これを職場に置き換えた場合，危険な作業の廃止・変更や，危険性や有害性の低い材料への代替が挙げられる。機械や化学物質の新規購入時や買替え時に効果的な方法である。

　次に，ライオンを檻に入れるという対策がある。こうした対策を②工学的対策という。危険・有害なものから身を遠ざけることを目的とし，これを職場に

置き換えた場合，危ない箇所にガードをつけたり，異常時に自動で機械が停止するインターロックをつけたりすることが挙げられる。

　前述の2つの策が安全だが，どうしてもそれらができない場合がある。そうした場合の対策が，③管理的対策，④保護具の使用である。③管理的対策は，マニュアル整備や立ち入り禁止措置，教育訓練などを指し，④保護具の使用は，ヘルメットや手袋などの保護具の着用で身を守ることを指す。

　対策の優先順位は，①本質的対策，②工学的対策，③管理的対策，④保護具の着用，の順となる。ここで気をつけたいのが，①②と③④で大きな乖離がある点である。①本質的対策はそもそも危険性・有害性をなくし，②工学的対策は人が危険性・有害性に近づけないように物理的・機械的に遠ざける。これらの対策をとることによって，無為に危険性・有害性に近づくことがなくなる（もちろん，工学的対策は永遠でなく，いつかは破損・故障して稼働しなくなってしまうことはある）。一方で，③④はヒューマンエラーの可能性を秘めている。**ヒューマンエラー**は人為的ミスともいわれ，思い込みや不注意などにより発生する。新入社員よりも，作業に慣れてきた頃の若手社員の方が労働災害を起こしやすい理由に「慣れてきたから大丈夫」という思い込みが挙げられる。教育訓練や保護防着用といった対策では，ヒューマンエラーの可能性を排除しきれない。そこで，ヒューマンエラーを防ぐための策として，作業前のKYTなどで危険を再認識することは有効な手立てといえる。

　リスクアセスメントは，リスクアセスメントシート（図8-6）を用いて行う。まず職場にどのような作業があるかを書き出してそれぞれの作業の危険性・有害性を書き出す。そしてその横にその危険性・有害性がどのような労働災害を起こし得るかを書き出す。最後に，その労働災害はどうすれば防ぐことができるのか対策を書く。たとえば，クレーン作業のリスクアセスメントをする場合，まずクレーンの作業フローを書き出して，それぞれの作業でどのような労働災害が発生するか，その労働災害が起こった場合の災害の重篤度（けがの大きさ）や災害発生の可能性について書き出す。労働災害の内容と重篤度，可能性をもとに優先順位を立てて実際の対策を講じていくのである。このリスクアセスメントシートは，複数人で作成してさまざまな可能性を検討する。作成したリスクアセスメントシートは職場に掲示し，職場にリスクがあることを全員で

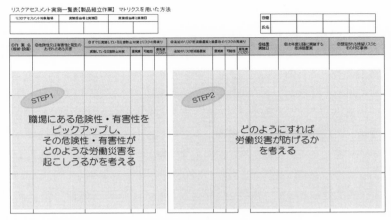

**図8-6　リスクアセスメントシート**
（厚生労働省　職場のあんぜんサイトのリスクアセスメントシートをもとに作成）

日々認識する。リスクアセスメントそのものは，危険性・有害性を認識して対策するためのきっかけでしかなく，その結果を労働災害防止につなげるためには，リスクアセスメントの結果を日常の活動に落とし込むことが重要となる。

## (2) リスクアセスメントで期待できること

　「自主点検結果を踏まえた安全管理活動の促進について」（基安発0715第1号　平成28年7月15日）には，「災害発生率の低い事業場では，安全衛生教育計画を策定し，安全衛生教育の内容を常に改善・充実し，災害分析を背景要因まで分析し，リスクアセスメントを行っている割合が高い」，「災害発生率が低い事業場ほど，危険性・有害性の洗い出しを実施している割合が高くなる傾向が見られた」とされている。リスクアセスメントを制度として導入し，それが定着している企業では安全衛生に対する意識が高まっており，リスクアセスメントが労働災害の減少に寄与していることがうかがえる。

## **3.** 作業改善と作業能率

　リスクアセスメントに必ず伴うものがある。それは，作業内容の見直し，作業改善である。リスクアセスメントは作業の棚卸でもあるからである。作業改善は，作業がどういった流れでなされ，その内容がどういったものかといったことを検討する**作業研究**（序章参照）から始まる。そして，作業研究によって作業の本質が見えてきたところで，作業能率向上を目的として作業改善を進めていく。この一連の作業研究を行うのがリスクアセスメントなのである。

　一方，**作業能率**とはその作業を処理するスピードをいう。通常 100 時間かかる仕事を 80 時間で終えられた場合，作業能率が良いということになる。企業は人件費や部材費といったコストを負っているが，作業能率を良くすることは企業のコストを下げることにつながり得る。1 人ひとりの腕の熟練も確かに作業能率向上ととれるが，それは継続的で全体整合のとれた施策とはいい難い。就業構造が変化し多様な労働者が働くようになっている昨今，多様な労働者にも適用し得る方法で作業能率を向上していく必要がある。

　その 1 つの考え方が 5S である。5S とは，整理・整頓・清掃・清潔・躾を指し，仕事の基本ともいわれる。5S を推進することで，どこに何があるかが常に分かる状態を作り上げることができ，日々の探し物をする時間や物の喪失といったムダの排除につながる。そして，5S を習慣として身につけることで情報整理が習慣化され，時間などの有効活用ができ得る。

　そして，もう 1 つ，**人間工学**に基づく職場設計，つまりは，人が持つ自然な動きに沿うように職場環境をデザインし，働きやすい環境を作り上げていくことである。システム・エンジニア（SE）は，長時間の座り作業で猫背の姿勢となりやすい。そのため，机と椅子の高さを SE の背丈や目線にあったものに変える。こうすることにより集中時間が延びることもあり，腰痛予防にもつながる。このような人間工学に基づく職場設計は，**職場の快適性**を高めるばかりでなく，労働災害防止にもなる。自然と人間本来の動きに沿うため，ヒューマンエラー低減も期待できる。

　作業改善はどうしても目の前の環境の処置といった目先のことに目が行きが

ちであるが，作業の中身を捉え，人間本来の動きに着目をしたうえで，対策を練ることが継続的なものへとつながり得るのである。そして，こうした日常に落とし込んだ安全衛生活動が労働災害防止へ最大の効果をもたらすといえる。

> ## ワーク：日常生活をリスクアセスメント
> 　普段あなたが行っている作業を思い浮かべ，その作業でどんなけがや病気が起こりそうか考えてください。そのけがや病気が起きる可能性はどのくらいですか。また，そのけがや病気を防ぐための改善策を考えてください。それらをワークシート（p. ii 参照）に書き出し，グループで話し合ってください。

# 9 職場のストレスとメンタルヘルス

---

　——ストレスは人生のスパイスである。

　これは，ストレスを発見したカナダの生理学者，ハンス・セリエの言葉である。適度なストレスは，人々に活力を与え，成長やパフォーマンスの向上など肯定的な影響をもたらすものとなる。しかし，現代において，多くの労働者が過重な業務上の負担を抱えており，ストレスフルな状況に置かれている。メンタルヘルス不調や精神疾患に罹患する労働者数も増加傾向にある。ストレスは，その量，質，内容，周りのサポート資源の有無などによって，労働者に与える影響が大きく異なってくる。人生のスパイスにもなるが，劇薬にもなり得るといえるだろう。現代のストレス社会に対して，労働者個人，企業組織がどのように向き合っていくかは喫緊の課題となっている。

　本章では，労働者のストレス状況の実態やストレスの理論を概観し，メンタルヘルス不調の予防とポジティブ心理学を取り入れた個人と組織の支援について考えていく。

## 1. 労働者とストレス

### (1) 現代社会における労働者のストレス

　近年，労働環境における著しい情報化，競争化，グローバル化の流れの中で，労働者のストレスは多様化している。しかしながら，労働者がストレスを感じる要因は，順に「仕事の質・量」（59.4％），「仕事の失敗，責任の発生等」（34.0％），「対人関係（セクハラ・パワハラを含む）」（31.3％）となっており（厚生労働省，2018），これらは例年，上位に位置している。

　内閣府（2017）の報告によると，1980年以降，週休2日制の普及や短時間労

働者の増加等を背景として，一人当たりの労働時間は，長期的な推移としては減少傾向にある。しかしながら，正社員に限った労働時間では，その水準は大きく変化しておらず，2000年以降，労働時間は二極化した状況となっている。2019年より施行された**働き方改革**法案の中では，長時間労働の上限規制の導入[1]や長時間労働者に対する面接指導等が強化されるなど，対策が講じられつつある。長時間労働や業務における過重な負荷は**過労死**に至るリスクを高める。精神障害に係る労災補償認定件数も増加傾向にあり（図9-1），そのうちの自殺事案には長時間労働であった者も多いことが指摘されている。また，厚生労働省（2019）によると，自殺の原因，動機において，勤務問題がその一つと明ら

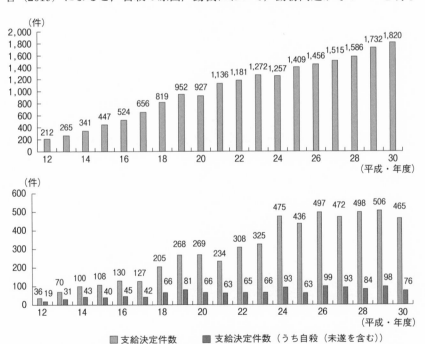

**図9-1　精神障害に係る労災補償請求件数（上）と支給決定（認定）件数の推移**（厚生労働省，2019）
注）労災支給決定（認定）件数は，当該年度内に「業務上」と認定した件数で，当該年度以前に請求があったものを含む。

---

1　上限の原則としては，月45時間，年360時間となり，違反に対しては罰則が科される。ただし，労使協定を結ぶことで年720時間までの時間外労働時間を許可。

かに推定された事案は，2018年で2,018人であった。詳細別では，勤務問題の
うち「仕事疲れ」が約3割を占め，「職場の人間関係」が2割強，「仕事の失敗」
が2割弱，「職場環境の変化」が1割強であった。長時間労働の面接指導の際，
うつ病等のストレスが関係する精神疾患等の発症を予防するため，メンタルヘ
ルス面にも配慮するよう，強調されている。

　労働者のメンタルヘルスの問題を考える際，必ずしも職場におけるストレス
が負の影響をもたらしているわけではない。仕事上のストレスに加え，私生活
上のストレスが重複することにより，メンタルヘルス不調に至ったり，それが
精神疾患発症の引き金になることも多い。したがって，仕事と私生活，双方の
視点から，労働者のストレスを捉えることが重要であり，労働者個人の特性と
環境との相互作用から，問題を整理し，解決の糸口を探し，対応していくこと
が重要である。

## (2) ストレス理論
### ①セリエのストレス学説

　**ストレス**とは，もともとは工学領域の用語で，圧力や圧迫を意味する。たと
えば，ゴム製のボールを指で押して圧力を加えた際，ボールにできる歪みがで
きる。これがストレスのかかった状態であり，外からかかる圧力や刺激が**スト
レス要因（ストレッサー）**にあたり，ボールの歪みが**ストレス反応**ということ
になる。このとき，ボールには歪んだ状態から元の状態に戻ろうとする力が生
まれるが，この力が**ストレス耐性**にあたる。反発する力が強かったり，ボール
に弾力性があればストレッサーからの影響は受けにくくなり，これがストレス
耐性の強さということになる。

　セリエ（Selye, 1936）は，生体に有害刺激が与えられると，ストレッサーの
種類に関係なく，副腎皮質の肥大，胸腺・リンパ系の委縮，胃・十二指腸の出
血や潰瘍といった共通した身体の反応が引き起こされることを見出し，これを
**汎適応症候群**（general adaptation syndrome: GAS）と呼んだ。さらに，セリ
エは，生体がストレッサーにさらされ続けると，時間の進行に伴い，**警告反応
期，抵抗期，疲憊期**という生理学的な変化の3過程を経ることを明らかにした
（Selye, 1946）。警告反応期は，ストレッサーが与えられた際の初期反応であり，

身体の抵抗力が低下する相を経た後，抵抗力が高まり始める相が生じる。これはストレッサーに対する防衛反応であり，ストレッサーに対抗するための準備が整えられる。抵抗期では，ストレッサーが持続する場合，抵抗力は正常時を上回って増加し，その状態が維持される。ストレッサーに抵抗し，一定の安定状態が保たれることになる。しかし，抵抗期が過ぎてもストレッサーが持続すると，再び抵抗力は低下していく。これが疲憊期であり，身体がストレッサーにさらされ続け耐えられなくなると，さまざまな疾患にかかる可能性が高まるのである。

　ストレッサーに遭遇したとしても，抵抗期において身体がストレッサーに打ち勝つことができれば，生理的な反応は次第に通常時の状態に戻っていく。しかし，ストレッサーが持続的あるいは強大なものであると，心身の健康に悪影響を及ぼすリスクが高くなるとされる。

### ②ラザルスとフォルクマンのストレス理論

　ラザルスとフォルクマン（Lazarus & Folkman, 1984 本明ら監訳 1991）は，環境から与えられるストレッサーと個人の反応の相互作用からストレスを捉え，心理学的なストレスモデルを提唱した（図9-2）。

　個人は，ストレッサーに遭遇すると，まずその刺激に対して2つの段階での**認知的評価**を行う。**一次的評価**では，そのストレッサーがその個人にとって，どの程度「重要な意味を持つか（関係性）」，「害や脅威をもたらすか，あるいは

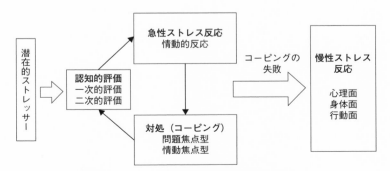

**図9-2　ストレスモデルの概略図**（島津，2006をもとに作成）

もたらしているか（脅威），「対処努力を必要とするか（挑戦）」という3つの
観点から評価する。**二次的評価**では，この状況を切り抜けるために「何ができ
るか」「どのような対処方法がとれるか」「その対処方法はうまくやり遂げるこ
とができそうか」といったコントロール可能性についての評価を行い，対処の
見通しを立てる。

　こうした評価の過程を経て，喚起された情動的反応を低減させるためにとら
れる方略のことを，**コーピング（対処）**という。コーピングが効果的に機能し，
問題の改善や換起された情動的反応の低減などにつながると，ストレスフルな
事態は解消されていく。しかしながら，コーピングが効果的に作用せずストレ
スフルな事態が持続すると，心理，身体，行動面にさまざまなストレス反応を
もたらすことになる。

　したがって，ストレッサーが直接的にストレス反応を引き起こすわけではな
く，認知的なプロセスと対処方略のとり方が，個人のストレスを高めるか否か
に影響することになる。

### ③ NIOSH の職業性ストレスモデル

　米国の国立労働安全衛生研究所（National Institute for Occupational Safety
and Health: **NIOSH**）は，業務関連傷害や疾病の防止を目的とした研究および
勧告を行う連邦機関のことである。この NIOSH の研究によって示されたモデ
ルが図 9-3 の**職業性ストレスモデル**（Hurrell & McLaney, 1988）である。職
業性ストレスモデルでは，職場で生じるさまざまなストレッサーが，心理的，
生理的，行動的な急性のストレス反応を引き起こすことを想定している。反応
性の問題や症状は，本来一時的なものであり，休養や睡眠など早期の適切な対
処をとることによって低減し，元の状態に戻すことができる。しかし，ストレ
ッサーが持続したり，強大なものであった場合，その負荷が過大となり，疾病
に至る可能性があることを示している。

　ただし，ストレッサーから急性ストレス反応の過程において，さまざまな調
整要因が関与することも想定されている。1つは，個人的要因であり，年齢や
性別，パーソナリティ傾向などが含まれる。2つ目に，仕事以外に家族や家庭
からの要求といった仕事以外の要因が挙げられており，職場ストレッサーに加

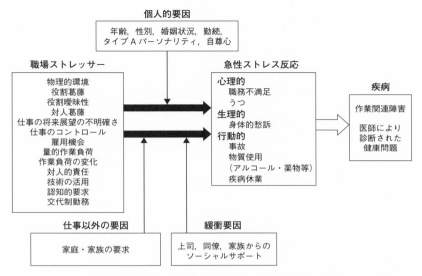

**図 9-3　NIOSH 職業性ストレスモデル**（Hurrell & McLaney, 1988 の訳をもとに作成）

えてこれらが負荷をもたらすことがある。3つ目に，ソーシャルサポートである。上司や同僚，家族など身近な他者がサポート資源として機能することによって，ストレッサーの衝撃を和らげる緩衝要因になり得ることが示されている。

### ④仕事の要求−コントロール（−サポート）モデル

　カラセック（Karasek, 1979）は，仕事の要求度と仕事の裁量度（コントロール度）の関係性から，心理的緊張（心理的ストレイン）が生じることを，**仕事の要求−コントロールモデル**として示した（図 9-4）。仕事の要求度とは，仕事の量的な負荷や突発的な仕事，職場の対人葛藤などから構成されるもので，特に，仕事の量的な負荷が主なストレッサーになると想定されている。仕事の裁量度とは，労働者が就労時間内に自分の職務について，コントロールできる程度，自由度のことである。この両者の組み合わせが，心理的緊張や職務満足感，モチベーションの違いに関連性を持つとされている。

　仕事の要求度は高いとしても仕事の裁量度も高い場合，すなわち，能動的な職務（アクティブ）にある人は，自分の能力やスキルを発揮することができ，

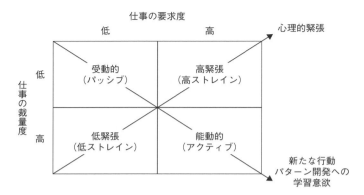

**図 9-4　仕事の要求度 - コントロールモデル**（Karasek, 1979 の訳をもとに作成）

心理的緊張は少ない。職務上の多様な要求に対処することで新たな行動パターンの開発に向けた学習意欲が高まり，経験が重ねられ，職務満足感の向上にもつながるといえる。一方で，職務での要求度が高いにもかかわらず，仕事の裁量度が低い場合，すなわち，高緊張（高ストレイン）な職務にある人は，心理的な負荷が高いと考えられ，気分の落ち込み，疲労感といったストレス反応が生じるリスクが高まる。対して，仕事の要求度が低く，仕事の裁量度が高い，低緊張（低ストレイン）な職務にある人は，自らのペースで仕事をすることができるため，心理的緊張や仕事への不満も低い。しかし，新しい行動パターンの開発に対する意欲や変化のある職務への意欲も低いことが想定される。仕事の要求度も裁量権も低い場合，すなわち，受動的（パッシブ）な職務にある人は，自分の能力やスキルを発揮できず，能力の低下つながる可能性がある。仕事をやらされている感覚や意欲低下が生じやすいといえる。

　ジョンソンとホール（Johnson & Hall, 1988）は，カラセックのモデルに社会的支援（ソーシャルサポート）を追加し，**仕事の要求 - コントロール - サポートモデル**を提案している。このモデルでは，仕事の要求度が高く，裁量度が低く，さらに社会的支援が低い場合に，心理的緊張が高まり，健康障害のリスクが高まると考えられている。

## **2.** 労働者のメンタルヘルス不調

　労働者のメンタルヘルス不調に見られる精神疾患の多くは，気分障害，不安障害，物質関連障害といった罹患頻度の高い障害，すなわち common mental disorders（CMS）であるとされる。労働者におけるこれらの頻度を推計した調査によると，12 か月有病率は，労働者全体の 9.1%であり，**うつ病（大うつ病性障害）**が 2.6%で最も高いことが示されている（Tsuchiya et al., 2012）。以下では，産業領域でしばしば遭遇するメンタルヘルス不調とその特徴についておさえておく。

### （1）うつを主とした特徴的なメンタルヘルス不調

　誰しも時には，気持ちが沈んで晴れ晴れしないときがある。これは，**抑うつ状態**であり一過性のものといえる。また，仕事でのミスや上司に注意を受けるなど，何かしらネガティブな出来事に引き続いて一時的に生じる抑うつ気分やその状態は，**抑うつ反応**といわれる。多くの場合，これらは状況の変化や時間の経過と共に自ずと緩和されていくものである。

　これに対して，**うつ病**とは，抑うつ気分や興味または喜びの喪失が 2 週間以上にわたってみられる精神疾患である。一日中気持ちが落ち込み，特に朝の調子が悪いため，出社が困難になることが多い。著しい意欲の低下や，不眠，食欲不振，過度な自責的傾向や悲観的思考など，認知，感情，身体，行動面にさまざまな症状がみられる。

　また，こうした従来型とは異なる「**非定型うつ病**」が産業メンタルヘルスにおける新たな問題として注目されている。非定型うつ病の診断基準は，DSM-Ⅳ（1994）で初めて掲載された。「新型うつ病」「現代型うつ病」などと呼ばれることもある。非定型うつ病の最大の特徴は，気分反応性（楽しいことでは気分が良くなるなど，出来事に反応して浮き沈みが生じること）の症状が認められることである。さらに，体重増加または食欲増進，過眠，鉛様麻痺（手足が鉛のように重く，感覚も麻痺すること），他者の言動に敏感で，他責的傾向にあるなどの症状が見られる。従来の抗うつ剤が効きにくく，周囲から見ると甘

えやわがままのように受け取られやすく，休職，復職過程においても適切なサポートが得られにくいことがある。したがって，こうした非定型うつ病の特徴をいかに職場や家族，周囲が理解し，適切な支援を行っていくかが重要となる。

　また，医学用語ではないものの産業メンタルヘルスの領域では，**「昇進うつ病」「荷下ろしうつ病」**といった特徴を理解しておくことも大切である。昇進うつ病は，まさしく昇進を契機に発症するうつ病である。昇進は，一見喜ばしい出来事であるが，責任の増加やこれまでの業務とは異なるマネジメント業務を任されること，配置転換による人間関係の変化など，複数のストレッサーが重複的に生じることがある。逆に，降格により自信喪失や給与減額といった経験から，うつ病にかかるということもある。また，荷下ろしうつ病は，大きなプロジェクトや定年退職など，何か一つの出来事を終えたときに，罹患するうつ病である。このように，仕事上で生じる一つの区切りや環境的，個人的な大きな変化は，しばしば想定以上の負荷をもたらすことがあるため，注意が必要である。

## (2) 燃え尽き症候群（バーンアウト）

　**燃え尽き症候群**（burnout）は，特に，対人サービス職者や対人援助職者に経験されやすいメンタルヘルス不調とされている。燃え尽き症候群は，フロイデンバーガー（Freudenberger, 1974）によってはじめて指摘された心身の症候群であり，マスラーク（Maslach, 1976）は「過度の身体疲労と感情の枯渇を示す症候群」と定義している。長期間にわたって人を援助していくプロセスにおいて，心のエネルギーが絶えず要求された結果，心身が過度に疲労し，感情が枯渇することによって生じるものとされている。情緒的消耗感（仕事を通じて激しく心的に疲弊した状態），脱人格化（人を無感情に扱うようになること），個人的達成感の低下（仕事へのやりがいの減退）という3つが主症状とされている（Maslach & Jackson, 1982）。

　また，ホックシールド（Hockshild, 1983）は，この燃え尽きと関連する概念として，**感情労働**（emotional labor）があることを指摘している。広義には，感情を管理する労働ということができるが，狭義には，相手（顧客や援助対象者）に適切な精神状態を作り出すために，自分の感情をコントロールすること

を職務とする労働とされている。肉体労働，頭脳労働に次ぐ，第3の労働形態といわれることもあり，感情労働による著しい精神的な消耗が，燃え尽き症候群につながることが示唆されている。しかし，対人サービス職者や，対人援助職者ではなくても，上司や同僚などとの間で，感情を抑え込み続けて業務にあたらねばならないことも多い。中には，それらすべてを感情労働とする見方もあり，燃え尽き症候群と共に，産業領域で留意しておきたい特徴的なメンタルヘルス不調である。

### (3) IT とメンタルヘルス不調

　近年，パソコンやインターネット，通信インフラなどが急速に発展し，IT 化が著しい進展を見せる中で，それらへ適応できない状態や不安，あるいは過剰な適応，長時間 IT ツールを用いた業務に携わることによる心身への影響などによる労働者のメンタルヘルス不調も増えている。

　その一つには，**テクノストレス症候群**があり，**VDT（Visual display terminal）症候群**とも言われる。ブロード（Brod, 1984　池・高見訳 1984）が命名した臨床症状であり，大別すると**テクノ不安症**と**テクノ依存症**の2種類がある。テクノ不安症は，コンピューターを扱うことへの苦手意識や不安が強く，消極的な態度をとる傾向にあるため，業務への支障や職場不適応につながることがある。他方，テクノ依存症は，コンピューターに没頭し過ぎることで時間の感覚がなくなったり，コンピューターがないことで不安が強まるといった症状がみられる。VDT 作業への過度な従事は，眼精疲労や肩こり，倦怠感，食欲不振など，さまざまな健康上の不調をもたらし得る。厚生労働省（2002, 2019）は，こうした健康被害を防ぐためのガイドラインを発表し，連続した VDT 作業は1時間を超えないようにし，次の連続作業までの間に10分から15分の作業休止時間を設けることなどを推奨している。近年では，若年層を中心に，**インターネット依存症**の増加も指摘されている。インターネット依存は，日常の生活習慣や対人関係に負の影響を及ぼしたり，重篤になると睡眠障害やうつ症状を呈し，休職に至るケースなどもあるため，注意が必要である。

## 3. メンタルヘルス不調の予防

### (1) 一次予防・二次予防・三次予防

　平成 30（2018）年労働安全衛生調査によれば，（厚生労働省，2018）およそ 6 割の事業所がメンタルヘルス対策に取り組んでいる。しかし，事業所規模別にみると，1,000 人以上の事業所では 99.7％であるものの，100 人未満の事業所では，およそ 5 割から 8 割程度と幅があり，労働者全体に十分なメンタルヘルス対策が行き届いているとは言い難い。

　企業にとってメンタルヘルス対策を行うことは，従業員の安全や心の健康を守ることはもとより，生産性低下や業績悪化を防ぐための重要な経営上のリスクマネジメントでもある。近年では，メンタルヘルス不調による**アブセンティーズム**（欠勤等により発生する生産性の損失）よりも，**プレゼンティーズム**（就労下において発生する罹病による生産性の損失）の影響が大きいといった報告が多数みられる（たとえば，Tsuchiya et al., 2012；第 10 章参照）。

　労働者のメンタルヘルス対策を推進するため，2006 年に「労働者の心の健康の保持増進のための指針」が策定された。指針の中で，メンタルヘルスケアにおいて，以下の「**4 つのケア**」が継続的かつ計画的に行われることが重要であると明記されている。

---

- **セルフケア**：労働者自身が自ら気づき，ケアする
- **ラインによるケア**：上司が職場環境を把握・改善する，部下からの相談に対応する など
- **事業場内産業保健スタッフ等**[2]**によるケア**：事業場内産業保健スタッフ等が，セルフケアおよびラインによるケアが効果的に実施されるように労働者及び管理監督者を支援する，心の健康づくり計画の実施における中心的な役割を担う　など
- **事業場外資源によるケア**：医療機関や地域保健機関など外部機関が支援を行う　など

---

　4 つのケアが適切に行われるよう，事業場内の関係者は相互に連携し，図 9-5 のように具体的，積極的に推進していくことが効果的であると提案され

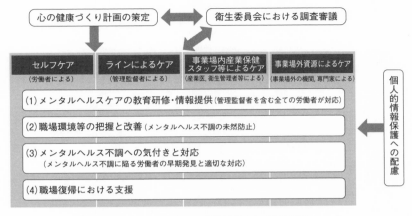

**図9-5　メンタルヘルスケアの具体的進め方** (厚生労働省, 2019)

ている。事業者は，心の健康計画の策定，関係者への事業場の方針の明示，労働者の相談に応ずる体制の整備，関係者に対する教育研修の機会の提供等，事業場外資源とのネットワーク形成などを行うよう推奨されている。

　また，メンタルヘルス不調に対して，予防医学の観点から，事業所は，以下の3つの予防について対策を講じていく必要がある（第10章参照）。

　まずは，メンタルヘルス不調の一次予防，二次予防のために，労働者それぞれがストレスについて正しく理解し，日頃から自分自身の心身の状態に目を向けることを習慣化していくことが大切である。そして，たとえストレスフルな

---

2　事業場内産業保健スタッフ等の内訳と役割は以下のとおり（厚生労働省, 2019）。
　○産業医等：労働者の健康管理を担う専門的立場から対策の実施状況の把握，助言・指導などを行う。また，ストレスチェック制度及び長時間労働者に対する面接指導の実施やメンタルヘルスに関する個人の健康情報の保護についても，中心的役割を果たす。
　○衛生管理者等：教育研修の企画・実施，相談体制づくりなどを行う。
　○保健師等：労働者及び管理監督者からの相談対応などを行う。
　○心の健康づくり専門スタッフ：教育研修の企画・実施，相談対応などを行う。
　○人事労務管理スタッフ：労働時間等の労働条件の改善，労働者の適正な配置に配慮する。
　○事業場内メンタルヘルス推進担当者：産業医等の助言，指導等を得ながら事業場のメンタルヘルスケアの推進の実務を担当する事業場内メンタルヘルス推進担当者は，衛生管理者等や常勤の保健師等から選任することが望ましい。ただし，労働者のメンタルヘルスに関する個人情報を取り扱うことから，労働者について人事権を有するものを選任することは適当ではない。なお，ストレスチェック制度においては，ストレスチェックを受ける労働者について人事権を有する者はストレスチェック実施の事務に従事してはならない。

- **一次予防**：メンタルヘルス不調を未然に防止する＝**健康教育・健康増進**
  →ストレスチェックの活用，労働者のセルフチェック・セルフケアの推進，職場環境の改善，教育・研修など
- **二次予防**：メンタルヘルス不調を早く発見し，重篤な病状に至る前に適切な対応を行うこと＝**早期発見・早期治療**
  →ストレスチェックの活用，労働者のセルフチェックと自発的相談の推進，管理監督者・事業場内産業保健スタッフ等による相談対応，管理監督者や家族による気づき，事業場内外産業保健スタッフ等によるコンサルテーションなど
- **三次予防**：メンタルヘルス疾患の悪化の防止，復職・再発予防支援＝**職場復帰・再発予防**（第10章参照）
  →メンタルヘルス不調により休業した労働者がスムーズに職場復帰できるよう支援，再発予防のための支援，リワーク等外部機関との連携など

状況に遭遇しても心身の変化に気づき，自らの SOS に耳を傾け，冷静な対処を心がけて欲しい。その際に，表9-1にあるように，心理・感情面の変化，身体に出る症状，行動の変化にあらわれる心のサインを手がかりにすると良い。特に，真面目で責任感が強く，問題を抱え込みやすいパーソナリティ傾向にあ

表 9-1　メンタルヘルス不調のサイン

| 心理・感情面の変化 | 身体に出る症状 | 行動の変化<br>（周囲からも気づきやすい変化） |
|---|---|---|
| ゆううつ | 食欲不振（あるいは過食） | 表情が暗い |
| 気分が沈む | 倦怠感 | 元気がない（その逆もある） |
| 悲しい | 頭痛 | 涙もろい |
| 不安 | めまい肩こり | 反応が遅い |
| イライラする | 動悸 | 落ち着きがない |
| 元気がない | 腹痛 | 仕事の能率が低下 |
| 集中力が落ちている | 胃の不快感 | ミスが増える |
| 何事にも興味がわかない | 便秘や下痢 | 残業・休日出勤が増える |
| 好きなこともやりたくない | 口が渇く | 報告・相談・連絡が減る |
| 細かいことが気になる | 不眠傾向（寝つきが悪い・ | 周囲との交流を避けるようになる |
| 悪い方へ考える | 早朝や夜中に目が覚める・ | 会話が減る |
| 自分を責める | 熟睡感がない等） | 遅刻・早退・欠勤（無断含）が増える |
| 失敗からなかなか立ち直れ | など | 趣味やスポーツなど外出が減る |
| ない | | 喫煙や飲酒量が増える |
| 人に会いたくなくなる | | 服装が乱れていたり衣服が不潔になる |
| など | | など |

る労働者の場合，自分ではなかなか自らの変調に気づけなかったり，周囲にうまく相談できないこともある。行動の変化は，周りからも気づきやすい変調であるため，ラインによるケアを中心に，周囲の人からの気づきや声かけ，サポートも早期対応の鍵となる。

　また，既述の通り，**仕事の量的・質的負担**（作業負担を含む），**対人関係の問題**は，労働者のストレッサーの上位であり，管理監督者は，これらを的確に把握し，適切な個別対応や職場環境の改善へとつなげていくことが求められる。

## (2) 0次予防とポジティブ心理学

　20世紀の半ばころから，アメリカでは幸福感や肯定的感情など，人間のポジティブな側面に焦点を当てた研究が多く行われるようになり，これらは，**ポジティブ心理学**として新たな心理学の一領域を築いている。近年，わが国でも，ポジティブ心理学の概念，知見を取り入れた新たなメンタルヘルス対策への関心が高まっている。

　産業メンタルヘルス領域における従来の予防は，「不調をいかに防ぎながら働くか」ということが中心であった。しかし，新たな予防の概念は，「いかに強みを活かし，生き生きと働くか」に着目したものであり，**ゼロ次予防**と呼ばれることもある。島津（2015）は，一次予防が「マイナスをゼロに近づけていく」ことが主な目的となるのに対し，ゼロ次予防は，一人ひとりの健康度を「ゼロからプラス方向に底上げする」ものであると述べている。このように視点を拡大することは，メンタルヘルス活動を一部の不調者を対象とした活動から，すべての従業員が関わる組織全体，会社全体，さらには社会全体での活動に広げることを可能にする（島津，2015）。

　たとえば，労働者の健康の増進や生産性向上に深い関連のある概念の一つに，**ワーク・エンゲイジメント**がある。もともと燃え尽き症候群（バーンアウト）の対概念として提唱されたもので，仕事に関連するポジティブで充実した心理状態であり，活力（就業中の高い水準のエネルギーや心理的な回復力），熱意（仕事への強い関与，仕事の有意味感や誇り），没頭（仕事への集中と没頭）の3つの要素で構成される（Schaufeli et al., 2002）。バーンアウトした者は，疲れ果て，仕事への意欲が低下しているのに対し，ワーク・エンゲイジメントの

高い人は，仕事に誇りややりがいを感じており，熱心に取り組み，仕事から活力を得て生き生きとしている状態にあるといえる。ワーク・エンゲイジメントと関連する概念（燃え尽き症候群，ワーカホリズム，職務満足感）との関係が図9-6にまとめられている。

　他にも，「困難を跳ね返す力」や「精神的回復力」，心の「弾力性」などの意味を持つ**レジリエンス**を向上させる取り組みなど，人間の持つ多様でポジティ

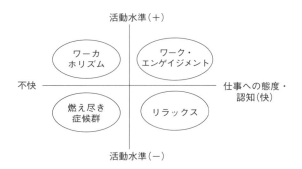

**図9-6　ワーク・エンゲイジメントと関連する概念**（島津，2010）

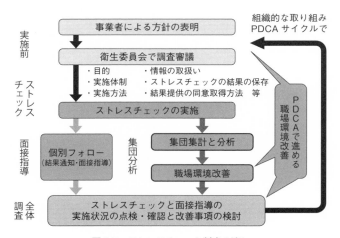

**図9-7　ストレスチェック制度の流れ**
（厚生労働省「ストレスチェック等の職場におけるメンタルヘルス対策・過重労働対策等」資料より一部改変）

ブな心理的要素を強みとして高めていくことへの関心が高まっている。

　2015年より，労働者数50人以上の事業所に義務づけられたストレスチェック制度（図9-7，第7章参照）は，労働者にストレスへの気づきを促すと共に，ストレスの原因となる職場環境の改善につなげることで，労働者のメンタルヘルス不調の未然防止（一次予防）を図ることを目的としている。ストレスチェックのPDCA（Plan：計画 -Do：実行 -Check：確認 -Act：改善）の結果をうまく活用して，心身の健康を阻害しかねない職場環境の改善はもちろんのこと，働きやすい風土や良好な人間関係，風通しのよい職場づくりへとつなげ，メンタルヘルス不調者自体を生み出さない就労環境，組織風土を作り上げていくことが大切である。

　日頃の職場環境を適切に整えていくことは，ごく自然な形で労働者の心身の健康を守ることにつながる。さらに，労働者が生き生きと働ける場を企業，組織がサポートし，労働者一人ひとりの強みと能力が存分に発揮されれば，それらが集約され，組織としての生産性や業績向上へとつながっていく。労働者の良好なメンタルヘルスや well-being（幸福）をどれほど真剣に考えていけるかが，企業，組織，さらには社会全体の発展に関わっていくのである。

---

## ワーク：ストレスの「セルフチェック」&「セルフケア」を実践しよう！

　「こころの耳　働く人のためのポータルサイト」（厚生労働省）の「5分でできる職場のストレスセルフチェック」にアクセスしてみましょう。

　詳しくは，ダウンロード資料（p.ii）を参照。

---

**■ 引用文献**

Brod, C.（1984）.　*Technostress: The human cost of the computer revolution.*　Reading, MA: Addison-Wesley.
　　（池　央耿・高見　浩（訳）（1984）．テクノストレス　新潮社）
American Psychiatric Association（1994）.　*Diagnostic and statistical manual of mental disorders*（4th ed.）
　　Washington, D. C.: Americal Psychiatric Association.
Freudenberger, H. J.（1974）.　Staff burn-out.　*Journal of Social Issues, 30,* 159-165.
Holmes, T. H., & Rache, R. H.（1967）.　The social readjustment rating scale.　*Journal of Psychosomatic Research, 11,* 213-218.
Hochschild, A.（1983）.　*The managed heart: Commercialization of human feeling.*　Berkeley, CA: University of California Press.

Hurrell, J. J., Jr., & McLaney, M. A. (1988). Exposure to job stress: A new psychometric instrument. *Scandinavian Journal of Work, Environment & Health Volume, 14*, 27-28.

Jonson, J., & Hall, E. M. (1988). Job strain, work place social support, and cardiovascular disease: A cross-sectional study of a random sample of the swedish working population. *American Journal of Public Health, 78*, 1336-1342.

Karasek, R. A. (1979). Job demands, job decision latitude, and mental strain: Implications for job redesign. *Administrative Science Quarterly, 24*, 285-308.

厚生労働省 (2018). 平成 30 年　労働安全衛生調査

厚生労働省 (2019). 令和元年版　過労死等防止対策白書

厚生労働科学研究補助金 (2017). 平成 29 年度　厚生労働科学研究補助金　ストレスチェック制度による労働者のメンタルヘルス不調の予防と職場環境改善効果に関する研究成果物（主任研究者　川上憲人）職場環境の改善スタートのための手引き

Lazarus, R. S., & Folkman, S. (1984). *Stress, appraisal, and coping*. New York: Springer.（本明　寛・春木　豊・織田正美（監訳）(1991). ストレスの心理学：認知的評価と対処の研究　実務教育出版）

Maslach, C. (1976). 'Burned-out'. *Human Behavior, 5*, 16-22.

Maslach, C., & Jackson, S. E. (1982). *The Maslach Burnout Inventory*. Palo Alto, CA: Consulting Psychologists Press.

内閣府 (2017). 平成 29 年度　年次経済財政報告 第 2 章　働き方の変化と経済・国民生活への影響

Tsuchiya, M., Kawakami, N., Ono, Y., Nakane, Y., Nakamura, Y., Fukao, A., … Kikkawa, T. (2012). Impact of mental disorders on work performance in a community sample of workers in Japan: the World Mental Health Japan Survey 2002-2005. *Psychiatry Research, 198*, 140-145.

Schaufeli, W. B., Salanova, M., Gonzalez-Romá, V., & Bakker, A. B. (2002). The measurement of engagement and burnout: A two sample confirmative analytic approach. *Journal of Happiness Studies, 3*, 71-92.

Selye, H. (1936). A syndrome produced by diverse nocuous agents. *Nature, 138*, 32.

Selye, H. (1946). The general adaptation syndrome and the diseases of adaptation. *The Journal of Clinical Endocrinology & Metabolism, 6*, 117-230.

島津明人 (2006). コーピングと健康　小杉正太郎（編）　ストレスと健康の心理学 (pp. 21-34)　朝倉書店

島津明人 (2015). 特別寄稿論文 3　産業保健と経営との協働に向けて：ワーク・エンゲイジメントの視点から　産業・組織心理学研究, *28*, 103-110.

# 10 産業・組織分野における心理学的援助

本章では，まず，産業・組織分野における心理学的援助について，その目的を踏まえたうえで，他領域と異なる特徴について概観する。また，守秘義務の取り扱いについて葛藤する場面も多いことから，押さえるべきポイントに触れたい。次に，その就労支援について，対象別（個人，上司，組織）のアプローチの仕方，休復職支援，障害者就労支援など，できるだけ実践に即して解説していく。最後に，近年カウンセリングの中で行政政策と関連することの多い相談内容をトピックスとして挙げ，どのような課題があるのかについて考えたい。

## 1. 産業・組織分野における心理学的援助の目的

　毎年実施されている労働安全衛生調査（2018）によると，「現在の仕事や職業生活に関することで，強いストレスとなっていると感じる事柄がある社員の割合は58.3%」とされる。加えて，これまで経験したことのないような，仕事量の増加や要求される仕事の質が高まっているなど，新たなストレスが生じていることがうかがえる（日本生産性本部，2017）。実際，社内の相談室には，これらに関連してさまざまな相談が寄せられる。多岐にわたった相談の様相は社会の縮図といえ，産業・組織分野における心理学的援助（**産業カウンセリング**）のニーズが非常に高まっている。

　産業カウンセリングとは，カウンセリングを通じた「問題解決支援」や「個人の相談内容からうかがえる組織，経営上の問題・課題に対するコンサルテーション」，「経営サイドへのフィードバック」，「上司や管理者の教育・研修を通して（中略）個人の働く環境整備，職場改善に対する積極的な働きかけと活動」と定義される（宮城，2008）。その目的は，「働く人々が心身ともに健康で自立し，働くことを通して働きがいや生きがいを自ら積極的に創造し」「質の

高い豊かな充実した人生」を送れるようにすること，すなわち職場に適応し，働き続けていくための支援をすることが主な目的となる。

　こうした目的を担う資源として，たとえば **EAP**（Employee Assistance Program）がある。これは，従業員支援プログラムと訳され，「事業場における社員の心の健康づくりのための指針（「社員の心の健康の保持増進ための指針」に改訂）」における事業場外資源によるケアの1つである。その形態としては，企業内に専門家を雇用して実施される内部 EAP と，企業から業務委託を受けた外部機関の専門家によって実施される外部 EAP がある。EAP 提供各社は，それぞれ得意分野が異なるため，企業ニーズに基づいて選定する必要がある。外部 EAP の強みとしては，医療や福祉などさまざまな社会資源を把握し，必要に応じて社員をそこに橋渡しできることだといえる。また，就業時間外の利用が可能なこと，会社の外で相談できることによる守秘性の高さ，社内の相談室だけではカバーできない拠点への対応ができることなどから，相談者にとっての利用のしやすさがあるだろう。EAP が扱う内容や領域の概要については，図 10-1 を参照されたい。

　本章においては，企業内で活動する社内カウンセラー（内部 EAP）の立場か

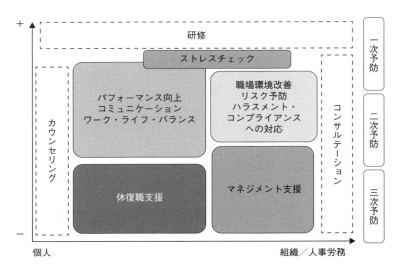

図 10-1　EAP の扱う領域・内容

ら，論を進めていく。

## **2.** 産業・組織分野における心理学的援助の特徴：他領域との違い

### （1）活動の多様さ

　産業カウンセリングをはじめとした職場のメンタルヘルス対策は，厚生労働省の指針（2006）に基づいて各企業で策定される『心の健康づくり計画』に則って推進される。不適応が生じている不調者へのカウンセリング（**二次予防**）だけでなく，全社員を想定した予防的アプローチ（**一次予防**）が企業側のニーズとして高い。具体的には，新入社員研修，セルフケア研修，ラインケア研修など，集団を対象として，**職場のストレス予防とストレスマネジメント**（ストレスやその対処法およびその効果）に関する知識を提供し，気づきを促す取り組みが挙げられる。さらには，生き生きと働くための職場環境作りへの期待もあり，**ポジティブ心理学**が注目されている（川上・小林，2015b；第9章参照）。産業・組織分野で働くカウンセラーにとってこうした活動は重要な役割・機能であり，休復職支援（**三次予防**）に至るまで，多様で幅広い活動が期待されている。

### （2）カウンセラーの立ち位置

　カウンセラーの所属する組織が社内にどう位置づけられ，どのような役割・機能が期待されているのかによって，カウンセラーの立ち位置は異なる。すなわち，人事部管轄なのか，独立しているのか，リスクマネジメントの一環としてなのか，福利厚生施策の一環としての組織なのかによって，期待される役割は異なってくる。その立ち位置が，相談者との関係性にも影響を及ぼす。

　また，相談者の職場にカウンセラー自身も身を置くことで，会社の風土や社員の様子をうかがい知ることができる。その会社における就業規則，評価制度や，一般的なキャリアパスを把握しておくことで，相談者の年齢や等級などから，社内での評価をある程度想定し得る。また，人事，上司，産業保健スタッフなど多職種との関わりから，相談者を取り巻く客観的情報が把握できるため，広い視点からの適切な支援を提供することにもつながり得る。

## (3) 支援の対象者

　この領域において想定される支援の対象は，社員個人のみならず，企業・組織との両方であり，そのために心理職自身にバランス感覚が必要とされる（高橋，2015）。すなわち，相談者に寄り添うと同時に，企業にとっての利益も考える視点や，カウンセラーとしてどのように機能することが，双方にとって有効なのかといった視点が求められる。なお，対象者の多くは，通勤し就労しているという点で，健康度は高い。つまり，気がかりが生じた早期の段階で，安心して話せる場・人の存在があることで，本格的な不調を予防する関わりが可能といえる。

## (4) 運 営 面
### ①広報活動の必要性

　カウンセラーおよび相談室は，社員にとって利用しやすく，何かあったときに足を運べる存在・場所として認知されなければ意味がない。いまだにカウンセリングは精神面が弱い人が利用するものとの見方をする人も多い。したがって，相談室の周知に加え，社員のカウンセリングに対する敷居を下げる広報は大切な活動である。ホームページの開設やポスター・パンフレット等の広報ツールを作成し，社員の目に触れる形で情報提供をしていく必要があろう。メンタルヘルスに関連したコラムやメルマガの発行なども有効である。一方，組織としての存続を維持するうえでは，企業に対して利用状況報告などを通じて存在意義を伝えていく試みも欠かしてはならない活動の1つとなる。

### ②守秘義務の考え方

　「社内の組織だから，相談内容が会社に知られてしまうのではないか，評価に影響を与えるのではないか」と不安を感じるのは自然なことである。相談室の利用にあたっては，こうした観点から敷居の高さを感じる社員も多い。そのため，安心して利用できる工夫が必要とされる。広報活動の中で，**守秘義務**を順守している旨を伝えていくと共に，カウンセリングの開始にあたって，守秘義務の例外事項を説明し，同意を得るプロセスは安心につながるだろう。また，同じ職場内にいる上司・人事などの関係者との接触は常に生じ得ることであり，

カウンセラー自身の倫理的態度が求められることは言うまでもない。

　一方，産業保健スタッフと連携して対応した方が良いケースがある。この場合，相談者に関する情報と共に，対応する上での留意点を共有しておくなど，共通理解を持つことが重要となる。また，適切な支援を行ううえでその関係者間で必要と判断される「情報を共同に持ち，かつ厳密な守秘をする」という**集団守秘義務**（長谷川，2003）の考え方と，それを産業領域に適用する考え（三浦ら，2018）は参考になる。守秘義務を順守することに囚われ，カウンセラーのみで情報を閉じることで，却って相談者の利益にならない事態を招くとしたら本末転倒になりかねない。産業医，産業看護職などの他職種がチームとして守秘を負うという考え方は実践的である。

　なお，産業保健スタッフやカウンセラーの所属組織の管理監督者は，社員であることも多いだろう。どんな相談の場合に，専門職ではない管理監督者に報告する必要があるのか，悩ましいケースもある。しかし，企業も社員の安全配慮義務（第7章参照）を負っており，そういった意味で，専門職だけで抱えることはリスクを伴う。そのため，報告すべきかどうかの判断に必要なチェック項目と共に，予め報告基準を定めておくことが肝要である。そして，問題の解決にあたって関係者との連携が望ましい場合，本人にその意図を説明し，同意を得て行えると良い。企業側の観点も踏まえたサポートの提供は，結果的に本人の利益に資すると考えられる。

### ③運用ルールの整備

　以上の各項目について，運用ルールを内規などで定め，相談室の運営に関わる成員間で共通認識として持っておけると良いだろう。緊急時の対応についても，関連部署（健康管理部門，人事）と検討を行ってコンセンサスを得，フローを作成しておくことが必要である。

## 3. 就労支援の実際

### (1) 対　象　別
#### ①個人へのアプローチ

　自発的な相談（**セルフリファー**）の場合，その相談内容は仕事，個人，家族の領域など多岐にわたっている（表 10-1）。特に業務適応や人間関係（職場・家族）を巡っての相談はどの年代を通じても多い。これらは 1 回の相談では解決しないことも多く，継続カウンセリングとなりやすい。上司から勧められての相談（**マネジメントリファー**）の場合は，上司が勧めた意図と共に，本人の問題認識を確認する必要がある。

　何が問題となっているのか，その問題に対して，これまで「どのように関わってきたのか，その結果どうだったのか」を聴きながら，その相談者について見立てていく。「そもそもどうしたいと思って来室したのか」を確認することは必須だが，時に本人の中でも漠然としている場合があるため，目標を見定めることを最初のステップにすることもある。話してスッキリしたい人から，その問題を自身の課題と捉え，どのように解決していけば良いかを考えていきたい人，とにかくその状況を回避したい人（多くはその解決手段として，異動や転職という選択肢を挙げる）まで，問題に対する姿勢は千差万別である。したがって，カウンセラーは見立てを踏まえて，本人の希望に基づいた支援方針を立てていくことになる。

表 10-1　実際に寄せられることの多い相談例

| |
|---|
| 【仕事の領域】<br>業務適応：「アサインされた業務について十分なアウトプットが出せない」<br>　　　　　「リーダー業務が苦手」<br>モチベーション：「評価が低く，やる気がわかない」<br>リスクマネジメント：「トラブルによる残業続きで，体の調子が悪い」<br>　　　　　　　　　「理不尽な目にあっていて，専門窓口に通報しようか迷っている」 |
| 【個人の領域】<br>キャリア：「ずっと同じ領域で仕事をしてきたが，このままでいいのか」 |
| 【家族の領域】<br>子育て：「子どもが不登校で，どう関わっていけばいいのか分からない」 |

　カウンセラーが聴くという関わりを持つ中で，自身で言葉にする作業を通じて，自分なりに解決方針を組み立てていく相談者もいる。一方，カウンセラーの積極的な関わりが必要な相談者もいる。主訴が仕事に関する場合，直接上司に相談することで，改善・解決につながることも多く，何をどのように話せば良いのかが分かるだけで，前に進める相談者もいる。問題状況に対する解決の方向性として，本人なりに考えた選択肢がある場合は，それらのメリット・デメリットを一緒に考えるやりとりが，納得感のある選択を促す支援となるだろう。

　以上の関わりは他の領域においても共通する点かと思われるが，産業心理臨床においてもう1つ必要とされるのは，「働ける状態かどうかという視点」を持つことであろう。心身に症状が生じている場合，リラクセーションやストレス対処を試みたり，あるいは症状軽減のために自主的な医療機関への受診につなげるといった関わりを行う。すでに症状が数か月にわたって生じており，パフォーマンス低下が顕著な場合や，本人に問題解決力やサポート資源が乏しい場合は，産業医面談につなぎ，就業上の配慮の必要性などを検討していく，といったステップが必要となる。

### ②上司へのアプローチ

　上司が部下のマネジメントに困って相談を希望してくることも，産業領域における特徴の1つといえる。メンタル不調をきたしている部下に対する業務上の配慮で悩む上司は多い。そもそも多忙を極める中，日頃気になりながらも相談に足を運ぶ時間の確保は簡単なことではない。うまくいかない思いを抱えて疲弊していることも多く，まずは労いの一言を心がけたい。

　よく呈される相談として，「体調面が心配」「ミスを繰り返す」「周囲と協調して仕事ができない」などが挙げられる。現在の対応を聴くと，過度に業務を軽減していたり，その部下のために仕事を作り出していたりすることがある。このような生産性低下の問題は，周囲への負荷の増大となって，組織全体の生産性の低下を招くこともある。長期に及ぶと，上司のマネジメントに対する不信や，メンバー同士の対立にも発展しかねない。また，持続可能な対応でない場合は，上司が変われば同じ配慮は得られず，当該部下が働き続けるのを困難に

表 10-2　コンサルテーションに求められる機能

| |
| --- |
| 上司自身の安心感の醸成とモチベーション維持 |
| ・問題およびこれまでの対応を聞き，労い・支持する。 |
| 上司がより良く機能できるような働きかけ |
| ・問題を整理し，専門家と上司とで役割分担をする。 |
| ・「安全配慮義務」の視点から上司が担う役割について情報提供。 |
| ・関わり方のヒントを提供し，エンパワーする。 |
| 上司のセルフケア |
| ・上司自身のセルフケアへの意識づけによるメンタル不調の未然予防。 |

しかねない。例えば，繰り返されるミスであれば，その内容や要因を聴く中で，指示理解の問題なのか，優先順位づけの問題なのか，あるいは不注意によるものなのかなどが把握できよう。その上で要因を踏まえた対策を上司に実行してもらい，解決に向けた支援ができると良いだろう。一方，欠勤などの勤怠不良がすでに発生している場合は，まずは安全配慮義務の観点から検討すべきことであるとして，人事労務への相談を勧める必要がある。

　こうした上司を支援する**コンサルテーション**には，表 10-2 にある機能が求められるだろう。なお，①②共に具体的な進め方については，三浦ら（2018）が参考になる。

### ③組織へのアプローチ

　①や②の活動を通して，以下のような提案も可能となるだろう。

　・**職場環境の改善**：仕事に関する相談の背景に，職場内のコミュニケーション不全がうかがえることは多い。コミュニケーションの活性化をはじめとした職場環境改善の取り組みは，ストレスチェック制度でも努力義務とされており，今後効果的な導入が求められるだろう。川上・小林（2015a）は，社員参加型の職場環境改善が最も有効であるものの，多忙な現場において積極的に実施されるには，キーパーソンとなる管理監督者との合意形成と意識づけが重要なポイントとなることを指摘している。その基本的手順として，一般的には産業医，産業看護職，衛生管理者，心理職などが職場環境改善のコーディネーターとなり，以下のように進めていくとされる。①事業場トップの理解を得て，職場環

境改善をメンタルヘルス対策として位置づける。②調査や聞き取り等で職場の
ストレス要因に関する情報収集と評価を行って結果をフィードバックし，管理
監督者の動機づけを図る。③対策案を検討する場を設定し，管理監督者やメン
バーが参加して計画を立てていく。④コーディネーターが中心となり当該職場
と協力しながら実施する。その際，定期的なフォローアップにより実効性を高
める。⑤対策の効果を評価し見直す。このように PDCA を回していく。

　**・人事施策への提言**：会社が抱える課題や社内の人事制度・施策に関連して，
さまざまな声が寄せられ，その施策を巡る問題，あるいは，今は整備されてい
ない制度・施策のニーズが見えてくることもある。こうした共通する複数の声
からうかがえることを整理して，人事部向けに伝えていくことは有用と思われ
る。たとえば，上司・部下間で目標に対する評価面談が実施されるが，こうし
た評価面談のあり方や実施方法について聞こえてくる訴えから課題が浮き彫り
になる。こうした局面において，カウンセラーの視点からフィードバックの仕
方など，提案できることがある。このとき，建設的な指導につながるような伝
え方の工夫が必要なことは言うまでもない。また，このような人事部への情報
共有の結果，新たなテーマでの研修の企画・実施に結びつくこともある。

## (2) 休復職支援

　回復が不十分な状態での復帰は，当該社員にとっては再休業になるリスクが
あり，企業にとっては**アブセンティーズム**（欠勤等により発生する生産性の損
失）あるいは**プレゼンティーズム**（就労下において発生する罹病による生産性
の損失）の発生という事態を招きやすい（第 9 章参照）。こうした状況に対し
白波瀬（2013）は，復帰者と関係者間（職場，人事，健康管理部門，主治医等）
のコミュニケーションの改善を図り，保護的な職場復帰支援からの脱却を目指
し，復帰者に主体的な取り組みを促すプログラムを展開している。その取り組
みは，企業から真に必要とされる復帰支援を実施していくうえで参考になる。
以下では，「改訂心の健康問題により休業した労働者の職場復帰支援の手引き」
（2009）のステップを示し（図 10-2），それぞれにおける心理職の役割をまとめ
る。なお，休業中の対応については，企業の方針によりさまざまである。

### ①各ステップにおける心理職の関わり

#### ・第1ステップ（病気休業開始および休業中のケア）

　休業者は，「仕事を途中で投げ出してしまった」「復帰のために何をしたら良いのか」等の自責や焦りから，十分に休める心境になりにくい。そうしたさまざまな思いを一旦吐き出せること，今は何より休養が最優先される旨を伝えられることが不安の軽減となり，治療・休養に専念することにつながる。ただし，実際には要休養の診断書をもって突然休みに入る場合も多い。そのため人事・労務スタッフや看護職が休職手続きで関わる際に，上記の情報提供をすることが現実的だろう。

#### ・第2ステップ（主治医による職場復帰可能の判断）

　復帰に関する主治医の判断と診断書の提出をもとに，職場復帰支援プロセスがスタートとなり，復帰を求める本人と会社との関わりが開始されることが多い。

#### ・第3ステップ（職場復帰の可否の判断および職場復帰支援プランの作成）

　復帰プロセスが開始されたら，病状の回復状況と共に，生活リズムや活動レベルが復帰に足る状態かを確認する。その際，生活記録表により可視化することが役に立つ。

　また，休職に至った背景に心理・社会的な課題（性格，考え方，行動パターン等）があることは多く，不調要因を振り返ることは必須となる。やりとりの中で，不調要因となり得る課題が見えてくることもあるため，建設的な直面化

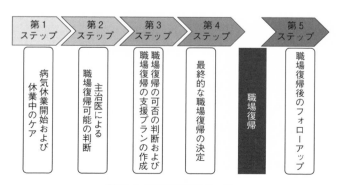

**図10-2　職場復帰のステップ**

を図り，何が問題で，今後どう変えていけると良いのかについて，本人が実践できる方法を模索し，取り組んでもらうことが必要となる。その中で，環境調整や配慮が必要と判断された場合は，職場にどこまで伝え，どんな配慮をしてもらう必要があるのかの情報を精査する。休業中には症状が消失しても，同じ環境に置かれると再燃する可能性があるため，このように再発予防策をしっかり検討することが肝要である。なお，こうした取り組みが，これからのより良い働き方・生き方を考えるきっかけになっていくこともある。

### ・第4ステップ（最終的な職場復帰の決定）

第3ステップで本人の同意を得た点について上司に共有する。上司側も復帰者との関わり方や業務アサインにおける不安を抱えており，そうした点をやりとりする機会として活用できる場となる。

### ・第5ステップ（職場復帰後のフォローアップ）

久々の職場は緊張感から疲労を感じやすいため，体調面・生活リズムの確認が必要となる。就業制限の緩和のタイミングで段階的に負荷が上がっていくが，そうした中でも業務に対する意欲や人間関係で困ることがないかを聴いていく。併せて，検討した再発予防策にどのように取り組めているのかも確認したい。一方，職場側はどこまで，いつまで配慮すればよいのか見通しが持てていないことが多い。また，自分のせいで再発したとならないよう，配慮が過剰となることもある。こうした状態が続くと，復帰者が業務アサインに物足りなさを感じたり周囲の負担増となって不満に発展するなどの事態も生じるため，むしろ通常通りの対応で良いことを伝えると，上司は安心するようである。

### ②リワーク

休養と薬物療法のみでの復職が困難になってきたことを背景に，**リワーク**が治療法として注目されている。リワークは，精神疾患を原因とした休職者が職場に復帰していくための集団療法のプログラムである。

リワークの活用は，特に休復職が繰り返される場合，勤怠不良の問題がある場合に検討されることになる。そうした課題に対する認識が不十分な場合は，リワークでの集団場面で観察される不適応的な対処を取り上げることで，認識を促す働きかけとなる。再発予防につながる実質的なアドバイスによって，適

応的な対処の仕方や折り合いのつけ方などを試行錯誤することが可能となる。
集団の場で生じるさまざまな葛藤場面は職場でも起き得るため，復職前の貴重
な練習の機会になるといえよう。また，自身の考え方の癖に気づき，適応的思
考に変えていく認知行動療法の取り組みをはじめ，さまざまな活動において，
スタッフや仲間との協働作業が展開される。同じ立場の仲間からの発言や提案
（ピアサポート）は，素直に耳を傾けることのできる機会となり，本人にとっ
て無理のない自己理解や受容に基づいた変化につながる効果がある。実際のリ
ワークプログラムの実施方法や支援事例については，中村（2017）に詳しい。

### （3）障害者の就労支援

　企業には，社員数の一定割合（2019 年 4 月以降で 2.2％）で障害者を雇用し，
その雇用率を満たしていない場合，納付金を収めることが義務づけられている
（第 7 章参照）。2013 年の障害者雇用促進法の改正により，2018 年以降その算
定基礎の対象に新たに精神障害者が追加された。また，障害者に対する差別の
禁止および合理的配慮の提供義務が規定されることとなった。このような状況
において，企業，当事者側それぞれが抱える事情を以下に整理する。

#### ①企業側の事情

　2013 年以降は，就職件数において精神障害者がもっとも多くなった反面，離
職率も高い。具体的には，「障害者求人・一般求人障害開示（オープン就労）」
に比べ，「一般求人に対する障害非開示（クローズ就労）」の場合に定着率が低
くなることが指摘されている。そうした事情から，企業側は業務遂行の安定お
よび，生活・体調面の安定に根差した，定着支援を望んでいる（独立行政法人
高齢・障害・求職者雇用支援機構障害者職業総合センター，2017）。

#### ②当事者側の事情

　オープン就労とクローズ就労のどちらを選択するかで，周囲の理解・支援，
仕事内容，働きやすさ，給与が異なる等，働くうえでの条件は大きく変わる。
オープン就労の場合には，支援機関を利用して，本人の強み・弱みを把握し，
配慮の仕方を含めて企業に明確に伝えられるため，定着に必要な各方面からの

サポートを得やすい。一方，クローズ就労の場合には，各企業のキャリアパスによって適応の度合いはさまざまである。技術職であれば，スキルを高めた結果として，マネジメント力を期待されるようになると，関係者との調整，進捗管理，指示出しなど，これまでとは質の異なる業務が発生する。こうした役割変化が不適応のきっかけとなりやすい。また，会社（社会）においては，相矛盾する2つの基準（ダブルスタンダード）が使い分けられたり，本音と建て前（ダブルバインド）が錯綜したりする。こうしたコミュニケーションを理解する困難さを抱えていると，疲弊につながりやすい。そのため，どちらの働き方を選択するかは，働き続けていくうえで大切なポイントとなる。

## 4. 近年の行政施策に関連した相談のテーマ

### (1) ワーク・ライフ・バランス

　政府が推進する働き方改革の流れを受けて，各企業は残業対策やリモートワークなど，さまざまな施策を整え始めている。実際，**ワーク・ライフ・バランス**を重視したい人は増えており，就活生に対する調査で，人生において優先度の高いものとして家族やプライベートを重視する傾向（マイナビ，2020）や，仕事と生活の両立を希望する傾向（日本生産性本部，2018）がみられる。

　そうした流れの中，長時間労働を是としてきた人とプライベートの時間を大事にしたい人との間で，働き方を巡ってギャップが生じていることが，相談を受けている中で垣間みえる。たとえば，残業が多い組織では，仕事を引き受ける人と，そうした働き方に疑問を持つ人がおり，それぞれの立場からの不満が生じるだろう。あるいは，効率の良い働き方が目指される一方で，組織の風土が変わらなければ，変化していくことは難しい。知識や技術を早く習得するために，何時間でも働きたい人であれば，時間を制約されることでモチベーションダウンとなることもある。働き方改革により，働きやすさを目指す環境は提供されたが，質的な変化を求められる中でのストレスがあり，各人各様の生き方・働き方を模索する相談は多い。

## （2）両立支援

### ①仕事と家庭（育児・介護）

　育児と介護に共通する課題として，身近にモデルがいないという点が挙げられるだろう。育児との両立に関する相談では，配偶者との役割分担を巡ってのストレスや，思うように仕事ができないなどのキャリアに対する焦りなどが寄せられる。介護の場合は，ある日突然介護が必要となる事態が生じて，何から手をつければ良いか動揺して相談に至ることも多い。また，他の家族成員と介護方針を巡って意見の対立がみられることでのストレスや，要介護者が家族の提案を拒んで困っているとの訴えが多い。

　企業人として，親として，子として，何足もの草鞋を履くことで，自分の時間を持ちにくい中，ホッと一息つける場としてカウンセリングが機能できると良い。また，調べ方が分からなかったり，時間がなかったりすることも多いため，支援機関などの情報提供も有用である。中には働き続けられるのかとの不安から，離職を検討する人も出てくるが，それが本人の意に反する場合，後悔のないよう，さまざまな視点から考え尽くす手伝いができることは意味があると思われる。

### ②治療と仕事

　『メンタルヘルス，私傷病などの治療と職業生活の両立支援に関する調査』（2013）に示されているように，近年，病気（ガン，脳血管疾患，難病等，治療や経過観察が長期にわたるもの）を抱えながらの継続就業率は高い。企業成員の平均年齢の上昇と共に，罹患者の割合は増加すると考えられ，経営・労務管理上の重要課題になっている。社内カウンセラーが関与できることは限りがあるが，その必要が叫ばれながらも容易ではない関係者間の連携において，担うべき役割は大きいのではないかと思われる。以下，本人，および上司への支援について記す。

　・**本人への支援**：死を意識するほどの衝撃，身体的苦痛や先行き不透明な状況，就業継続に対する不安，迷惑をかけているとの罪悪感，治療の副作用や再発不安，また，後遺症がある場合には，発症前の自身とのギャップを感じる等，何重もの喪失体験があるといえる。周囲に対する遠慮から症状を隠し，その結

果健康状態を悪化させる事態も生じ得る。安心して話せる場を提供することで，就労継続のために，職場に何をどこまで開示するかの整理にもつながる可能性がある。

　・**上司への支援**：受け入れ側が困難や課題と感じているのは，「代替要員の確保（74.8%）」に次いで，「上司や同僚の負担（49.3%）」となっている（労働安全衛生調査，2019）。長期にわたる配慮が必要となることに加え，外見上症状が分かりにくい場合は特に，理解のしにくさがあるだろう。また，「働かせて悪化させることへの不安」から過度な配慮をする態度は，当該社員にとっての罪悪感を募らせることとなり，離職につながる場合もある。上司へのこうした情報提供は，双方のコミュニケーションの改善につながり，就労継続に寄与するであろう。

## (3) ハラスメント

　これまでパワーハラスメント（以下，パワハラ）の認定は，指導との違いが明確でない（表 10-3）ことから，グレーゾーンとされることも多かったが，パワハラ防止法が成立し，企業は 2020 年 4 月以降対策が義務づけられた。改正案では「職場において行われる優越的な関係を背景とした言動」と定義されている。ここでは，パワハラに特化してハラスメントを巡る相談からうかがえることをまとめる。

### ①ハラスメントの影響

　・**組織への影響**：パワハラは，組織を硬直化させ，生産性の低下を招く。加害者に対し企業側が容認する態度であれば，根本的問題解決に至らず，ハラスメントをはらんだ職場は，周囲の社員にも悪影響を及ぼし続ける。被害者が退職を選択すれば，組織にとっては人材の喪失となる。訴訟絡みの問題に発展すれば，企業のイメージダウンとなり，損失は大きい。一方，組織は緊張感があってこそ業績が伸びるところもある。適切な緊張感をどうつくり出していくかは，組織にとっての課題といえよう。

　・**個人への影響**：継続的なパワハラにより，何を言ってもやっても無駄，といった無力感から仕事への支障も生じうる。パワハラ窓口に訴えた結果，被害

表 10-3　パワハラと指導の違い（人事院，2015 より一部抜粋・改変）

| | パワハラ | 指導 |
|---|---|---|
| 目的 | ・相手を馬鹿にする，排除する | ・相手の成長を促す |
| 業務上の必要性 | ・ない（個人生活，人格の否定）<br>・業務上の必要性があっても不適切な内容や量 | ・ある<br>・健全な職場環境を維持するために必要 |
| 態度 | 威圧的，攻撃的，否定的，批判的 | 肯定的，受容的，見守る，自然体 |
| 自分の感情 | いらいら，怒り，嘲笑，冷徹，不安，嫌悪感 | 好意，穏やか，きりっとした |
| 結果 | ・部下が萎縮する<br>・職場がぎすぎすする | ・部下が責任を持って発言，行動する<br>・職場に活気がある |

者が中傷されたり，異動したりすることになれば，その個人にとってはキャリアの中断につながってしまう。その結果，モチベーションダウンやメンタルヘルス上の問題を抱えることにもなりかねない。一方，最近では「パワハラと捉えられるのではないか」と気にして，「部下への指導が難しい」といった上司からの声も聴かれるようになってきている。

### ②相談が持ち込まれたら

　パワハラへの問題意識は高まりつつあり，被害を訴えやすい土壌は耕されてきたといえる。しかし，不利益を被るのではないかといった心配などから，どうすれば良いのか途方に暮れて相談に至る場合もある。パワハラに関連した相談が寄せられた際は，まずは本人の気持ちに寄り添いたい。一方で，さまざまな事情や目的があることを想定し，希望を確認する必要がある。時々，相談室に代わりに訴えてもらいたかったり，ハラスメントに該当するか否かの判断を期待したりして来室するケースがある。そのため，相談室としてできること・できないことについては，早い段階で伝えられる方が，相談者に不要な期待を抱かせずに済む。中立的な立場で話を聴くことを心掛けつつ，本人のアクションの決断を支援する関わりとなることが多いように思われる。深刻な状況がうかがえる場合には，専門窓口につなぎ，解決に向けての後押しをすることもあるだろう。

　上司には，指導の中で伝えるべきことは伝える必要があること，その際，部下が納得感を持って取り組めるよう，アサインされた業務の全体の中での位置づけや意義を伝えていくコミュニケーションが求められていることなどをアドバイスできると良いだろう。また，その具体的なやり方について，部下に合わせた形で検討することは，役立つ支援になり得る。

　産業・組織分野の心理学的援助においては，健康度が保たれた状態での相談が多く，適切な介入によって，速やかな回復が期待できるだけでなく，成長支援もできる。また，職場の状況や考え方を知った内部の人間として，守秘義務をしっかりと担保しつつ，相談対応を行える。必要なケースでは関係先と連携をとって動くこともでき，早期発見・早期予防を最前線で実践できる。職場内のコミュニケーション改善がストレス対策にもたらす意義は大きく，心理職の出番はますます必要とされるように思われる。以上の点は，産業・組織臨床における醍醐味といえるだろう。

---

**ワーク：ワークライフバランスの充実につなげる工夫**

　以下のツールを活用して，ワーク・ライフ・バランスの考え方と，それを充実させるための工夫について考えてみましょう。詳細はダウンロード資料（p. ii）を参照。

【仕事の効率化を図るツール】
（1）自己管理能力向上ツール
（2）日常活動スケジュール

---

■ **引用文献**

長谷川啓三（2003）．学校臨床のヒント：集団守秘義務の考え方　臨床心理学，*13*, 122-124.
人事院職員福祉局（2015）．パワー・ハラスメント防止ハンドブック　Retrieved from https://www.jinji. go.jp/sekuhara/handbook.pdf
川上憲人・小林由佳（2015a）．第4章　職場のメンタルヘルスの第一次予防　第4項　職場環境等の評価と改善（講義と演習）　東京大学　職場のメンタルヘルス専門家養成プログラム TOMH2015
川上憲人・小林由佳（2015b）．ポジティブメンタルヘルス―いきいき職場づくりへのアプローチ　培風館
高齢・障害・求職者雇用支援機構障害者職業総合センター（2017）．障害者の就業状況等に関する調査研究　Retrieved from http://www.nivr.jeed.or.jp/download/houkoku/houkoku137.pdf
厚生労働省（2006）．労働者の心の健康の保持・増進のための指針

厚生労働省（2009）．改訂心の健康問題により休業した社員の職場復帰支援の手引き

厚生労働省（2019）．平成 30 年労働安全衛生調査（実態調査）の概況

マイナビ（2019）．2020 年卒マイナビ大学生のライフスタイル調査　Retrieved from https://saponet.mynavi.
　　jp/release/student/life/mynavilifestyle2020/

三浦由美子・磯崎富士雄・斎藤壮士（2018）．産業・組織カウンセリング実践の手引き――基礎から応用への
　　全 7 章　遠見書房

宮城まり子（2008）．産業カウンセリング　産業カウンセリング学会（監修）　産業カウンセリング辞典
　　（p. 163）　金子書房

中村美奈子（2017）．復職支援ハンドブック―休職を成長につなげよう　金剛出版

日本生産性本部（2017）．第 8 回「メンタルヘルスの取り組み」に関する企業アンケート調査結果

日本生産性本部（2018）．平成 30 年度　新入社員　働くことの意識調査結果

労働政策研究・研修機構（2013）．調査シリーズ No. 112「メンタルヘルス，私傷病などの治療と職業生活の
　　両立支援に関する調査」　Retrieved from https://www.jil.go.jp/institute/research/2013/documents/
　　0112.pdf

白波瀬丈一郎（2013）．精神的健康の向上に加え，社会的負担の軽減も目指した職場復帰支援の取り組み―
　　KEAP（KEIO Employee Assistance Program）プロジェクト―　臨床精神医学, *42*（10），1273-1280.

高橋美保（2015）．産業・組織領域における心理職の現状と課題　臨床心理学, *15*，293-296.

# 第Ⅳ部　消費者心理

||||||||||||||||||||||||||||||||||||||||||||||||||

私たちが何かを購入したり，サービスを利用したりする際，どのような心の動きを経て，それらを購入するに至るのだろうか。

消費者が購買に至るまでの心理的プロセスと消費者の行動に与えるさまざまな要因について理解する。

# 11

## 消費者行動

　私たちは日々生活していく中で，食べ物や衣服などたくさんの商品を購入し，医療，教育，交通機関などさまざまなサービスを利用する。同時に，企業は自分たちの提供する商品やサービスなどを少しでも多くの人に届けようとしている。本章では，消費者の行動に焦点を当て，購買や消費に関わる産業・組織心理学のさまざまな知見を紹介する。

## 1. 消費者行動とマーケティング

### (1) 消費者行動

　**消費者行動**とは，消費者がある商品やサービスを購入したり，消費したりすることに関わる一連の行動である。「得られた収入を消費と貯蓄にどのように配分するのか？」，「どこで何を購入するのか？」，「どのようなサービスを利用するのか？」，「購入したものをどう保管し，いつ廃棄するのか？」，「購入したものをいつ何に買い替えるのか？」などといった多様で複雑な側面を含むものである。したがって，消費者行動は購買行動と消費行動の両者を包含するものである。

　また，消費者行動はたとえば欲求の充足などにも大きく関わるものである。つまり，消費者行動は感情・認知・行動・身体などの心理的要因に関連する。そのため，それらの心理的要因と，企業あるいは商品やサービスといった環境要因との相互作用という観点も消費者行動を考える際には重要である。

### (2) マーケティング

　消費者行動の研究は，スコット（Scott, 1903）の『広告の理論』やミュンスターベルグ（Münsterberg, 1913）の『心理学と産業能率』などからはじまり

現代に至る（序章参照）。産業・組織心理学において消費者行動そのもののメカニズムを明らかにすることは，それだけでも十分に意義深いと思われるが，消費者行動の解明は特に企業などの生産者が行うマーケティング戦略に役立つ。

　**マーケティング**とは，「顧客，クライエント，パートナー，社会全体にとって価値のある商品を創造，伝達，提供・交換するための，活動，制度の策定，過程である」と定義される（American Marketing Association, 2017）。マッカーシー（McCarthy, 1960）は，マーケティングは「製品（product）」「価格（price）」「流通経路（place）」「販売促進（promotion）」の4つの要素から構成されるとした。これは **4P 理論（4P 戦略）** と呼ばれており，現代でもマーケティングの基本的な考え方として広く知られている。これら4つの要素を最大限効果的になるよう組み合わせることがマーケティングにおいて重要とされる。ただし，近年では 4P 理論だけでは不十分であるという意見もあり，より詳細に消費者行動を把握する必要性が指摘されている。

### (3) 消費者行動とマーケティングの関連性

　消費者行動とマーケティングについては，消費者行動は主に消費者側の観点に依拠するものであると考えられ，一方マーケティングは主として企業など生産者側の視点が色濃いものといえる。消費者行動とマーケティングは表裏一体の関係であり，相互に関わり合っている。そのため，消費者行動あるいはマーケティングを考える際には，常にその両者について併せて検討することが必要である。

### (4) リスク・コミュニケーション

　消費者行動とマーケティング，および生産者と消費者の相互作用で注目されているものが**リスク・コミュニケーション**である。リスク・コミュニケーションとは，「個人や集団間でのリスクについての情報や意見の交換過程」と定義される（National Research Council, 1989）。産業・組織心理学においてリスク・コミュニケーションは企業と消費者間の情報や意見の交換として捉えられ，企業から消費者へリスクを伝達する場合と，消費者からリスクについての質問や意見を企業に伝達する場合の両者が含まれる。特に企業から消費者への伝達

は**リスク・メッセージ**と呼ばれている。取扱説明書，商品に付属している注意書きなどはリスク・メッセージに当たる。一方，消費者から企業への伝達としては，商品の安全性の確認，商品の使用方法についての問い合わせや確認などが挙げられる。

リスク・コミュニケーションは1980年代後半からアメリカを中心に発展してきたが，日本では1995年に**製造物責任法（Product Liability；PL法）**が施行されて以来，リスク・コミュニケーションが取り上げられるようになった。PL法は，消費者が製造物を使用し，製造物の欠陥により損害が生じた場合における，製造者の責任について定めた法律である。この法律を契機に商品の危険性や正しい取り扱い方の表示ついて注意が払われるようになった。

これまで企業と消費者との間のコミュニケーションは，企業から消費者への伝達といった一方向的なものがほとんどであった。しかし，現代では，消費者から企業へのコミュニケーションも非常に増えている。そのため，企業は消費者からのコミュニケーションに的確に素早く対応する新しいシステムを模索する必要があるだろう。また，そのような背景から企業の**説明責任（アカウンタビリティ：accountability）**もますます重要になっている。

## 2. 消費者の購買意思決定過程

### (1) 購買意思決定過程

消費者が商品やサービスを選び，手に入れるまでのプロセスを**購買意思決定過程**という。購買意思決定過程は，消費する対象となる商品やサービスだけでなく，消費者個々人の価値観や趣向，能力などの心理的要因，所得や資産などの経済的要因，そして現在置かれている状況などの環境的要因などによって異なる。しかしながら，このような消費者の購買意思決定過程を一般化・形式化した概念モデルの構築が1960年代から行われてきた。この概念モデルは購買意思決定モデルと呼ばれ，古典的研究としては，新行動主義と呼ばれる学習理論に立脚しているハワード＝シェス・モデル（Howard & Sheth, 1969），マズローの欲求階層説を参考にしたエンゲル＝コラット＝ブラックウェル・モデル（Engel et al., 1968）などが挙げられる。特にエンゲル＝コラット＝ブラックウ

ェル・モデルは現代までに幾度と改変され，近年ではブラックウェル゠ミニア
ード゠エンゲル・モデル（BME モデル；Blackwell et al., 2006）として，精緻
化され続けている。

## (2) ブラックウェル゠ミニアード゠エンゲル・モデル

BME モデルでは，購買意思決定プロセスは①欲求認識→②情報探索→③購
買前の選択肢評価→④購買→⑤消費→⑥購買後評価（満足／不満足）→⑦処分
の順で進むとされる（図 11-1）。また，その際に注意や記憶などの認知的な情
報処理プロセスや，文化，消費者のパーソナリティなどの購買意思決定に影響
を与える種々の要因についても考慮されている点が特徴的である。

①欲求認識：欲求や問題が，商品やサービスを購買することによって解決されるとい
　う認識
②情報探索：商品やサービスに関する積極的な情報収集
③購買前の選択肢評価：複数の商品やサービスについての評価および比較検討
④購買：購入する場所や条件の決定と購入
⑤消費：購入した商品やサービスの消費や利用
⑥購買後評価（満足／不満足）：消費後・利用後における商品やサービスの評価
⑦処分：廃棄，リサイクル，再販売など

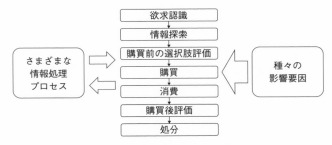

**図 11-1　BME モデルの概要**（Blackwell et al., 2006 をもとに筆者作成）

## 3. 消費者行動の規定要因

### （1）個人差要因

　消費者行動を規定する要因は多岐にわたるが，個人差要因や状況要因が代表的なものである。まずは**個人差要因**である。たとえば，消費者個人の年齢（ライフサイクル）および家族ライフサイクル，収入や資産などの経済状況，活動，知識，能力，ライフスタイルなどが挙げられる。また，個人差要因の中でも心理的な要因としては，欲求・動機づけ，商品やサービスに対する知覚，学習歴，価値観・信念，興味・関心，セルフイメージ，パーソナリティなどがある。

### （2）状況要因

　消費者行動に影響を与える**状況要因**は多種多様である。たとえば，天候や気温などの自然的環境，店舗の照明や音楽や照明，陳列などの物理的環境，輸出入の制限や条例・法律などを含めた政治的環境，景気など自身の所得などに影響するさまざまな経済的環境などが状況要因として挙げられる。また，家族や友人関係，職場や趣味での対人関係など，自身がどのような社会集団に所属しているかということからも消費者行動は影響を受ける。このような要因は社会的環境としてまとめられる。そして，文化という要因も忘れてはならない。文化とは一般に，「ある社会構成員によって共有された価値観や信念」などと定義されることが多い。国籍，人種，宗教などに関わる文化の違いや地域性も消費者行動へ大きな影響を及ぼす。たとえば，日本では冬にこたつの購入を検討する人は多いかもしれないが，諸外国ではこたつの購入を検討する人は極めて稀だろう。宗教上の理由で牛肉を食べない人は牛肉の購入はそもそも考えないだろう。これらはすべて文化の影響と捉えることができる。

### （3）その他の要因

　**マスメディアの影響**や**消費者間相互作用**も消費者行動に影響を与える要因である。テレビや雑誌で紹介された商品やサービスは大変に人気となり，多くの消費者がその商品を購入したり，そのサービスを利用したりする。消費者行動

に対するマスディアの影響は大きい。

　口コミなどの消費者間のコミュニケーションは消費者間相互作用と呼ばれており，消費者行動に影響を与える要因の1つとされる。たとえば，ある商品についての良い評判が口コミで広がる。それによって，多くの消費者がその商品を求めるようになる。反対に，口コミで悪い評判が広がった場合は多くの消費者が商品の購入を見送るだろう。現在では，**ソーシャル・ネットワーキング・サービス**（social networking service: SNS）による商品やサービスの口コミが消費者の行動に大きな影響を与えており，以前にも増して消費者間相互作用は消費者行動およびマーケティングにおいて重要な要因とみなされている。

## 4. マーケティング

### (1) マーケティング活動

　企業が商品やサービスを販売提供するために行うさまざまな活動を総称して**マーケティング活動**という。先述したマッカーシー（McCarthy, 1960）の4P理論での製品（product），価格（price），流通経路（place），販売促進（promotion）のすべてに関わる活動である。なお，**企業活動**とは，マーケティング活動を含んだより広い概念であり，企業理念や企業の活動方針に沿った企業内のすべての活動を指す。

### (2) 市場細分化戦略

　市場を形成している消費者個々人の特性に応じて，類似した特性を持つ者同士を同じグループ（セグメント）にまとめ，そうでない場合には別のグループに分けるといったように，消費者をいくつかのセグメントに細分化する。そして，それぞれのセグメントに対応した商品開発，サービスの提供，広告・宣伝をしていくことを**市場細分化（マーケット・セグメンテーション）**と呼ぶ。マーケティング戦略として有名な手法である。代表的なマーケット・セグメンテーションの基準は，移住地などの地理的基準，性別，年齢，職業などの人口統計的基準，商品やサービスの購入・利用状況などの行動的基準，ライフスタイル，パーソナリティなどの心理的基準である。特に価値観や嗜好が多様化する

現代では，ライフスタイルによる細分化，すなわちライフスタイル・セグメンテーションが注目されている。

## (3) ブランド・イメージ

　品質やデザイン，機能などにおいて，他社製品との差別化を図り，自社製品の優位性を主張する手法は**製品差別化戦略**といわれる。価格競争が落ち着いた段階でしばしば用いられる手法が，**ブランド・イメージ**による差別化である。ブランド・イメージは文字通り，その商品やサービスを提供するブランドに対する印象であり，心理的要素として捉えられる。ブランド・イメージには，過去の使用体験，価格，広告，販売方法，企業イメージなどが影響するとされ，ブランド・イメージの確立に成功し固定客を獲得できるとブランド・ロイヤリティ（ブランドに対する忠誠心）も強化されると考えられている（濱，1996）。

## (4) コスト・パフォーマンスと心理的財布理論

　ある商品やサービスの価格が消費者に受けいれられるかどうかは，価格に対するその商品やサービスの価値によって左右される。つまりは**コスト・パフォーマンス**（cost perfomance）によって決定されるのである。コスト・パフォーマンスは「効用÷価格」で表現され，これによって価格の割安感／割高感が決まるのである。

　コスト・パフォーマンスに関連する理論として**心理的財布理論**がある（小嶋，1986）。この理論は，特に商品の価値に対する消費者の知覚に関わるものとして有名である。たとえば，千円札は1,000円という物理的な価値を持ち，それ以上でもそれ以下でもない。ところが，その1,000円で購入した商品やサービスあるいは購入時の状況によって，その1,000円が安く感じたり，高く感じたりすることがある。たとえば，観光地で食べたラーメンが1,000円でも心理的な痛みを伴わないのに，学生食堂のラーメンに1,000円を払った際には非常に心理的な痛みを伴うといったようなことである。このように心理的財布理論は価格判断が状況によって異なることを説明するものであり，消費者行動やマーケティングの領域で非常に有名な理論である。小嶋（1986）は，個人やその個人が置かれている状況によって心理的財布の種類や大きさが異なることを指摘

しており，心理的財布理論は個人差を考慮して，商品開発や広告・宣伝を検討する際に有用であると考えられている。

## （5）要請技法

　販売場面における説得のテクニックには心理的な手法が利用される場合が多い。ここでは説得的訴求テクニックとして代表的な**要請技法**について紹介する。

　まず，**フット・イン・ザ・ドア・テクニック**である。フット・イン・ザ・ドア・テクニックとは，ある要請をする場合に，その要請よりも受けいれやすい要請をまず承諾させておいてから，目当てとする要請を行うというテクニックである（Freedman & Fraser, 1966）。たとえば，最初に安価な商品を売り，そのうえで本当に売りたい商品を売るなどである。

　また，**ドア・イン・ザ・フェイス・テクニック**は，わざと過剰な要請を出して相手にその要請を拒絶させ，次に目当ての要請を行い承諾させるというテクニックである（Cialdini et al., 1975）。相手と友好でいたいという親和欲求や，相手を拒絶したことによる罪悪感を抱かせ，それを埋め合わせたいという気持ちを利用したテクニックとされる。高額な商品をあえて提案し，相手にその商品を断らせて，次に目的のものを売るなどがこれにあたる。

　長所を強調するだけでなく，説得者にとって都合の悪い弱点や短所も併せて開示する説得方法を**両面説得**という。長所が際立つ効果が期待でき，その後逆説得を受けても簡単に意見を変えられなくなる。たとえば，「このメニュー（A）はお時間がかかりますが，当店の名物で大変おいしいです」と言われた場合，メニュー（A）の長所が際立つだけでなく，その後「もしかすると，お客様には，他のメニュー（B）がお口に合うかもしれません」などと逆説得されても，両面説得されていないときと比べて，メニュー（B）を選択する可能性が下がるのである。

　その他にも，消費者にとって販売者よりも信頼性が高いと思われるオピニオン・リーダーや口コミなどの意見を販売戦略として用いる**第三者の説得効果**，「数量限定」，「期間限定」などを謳う**限定商法**などがある。

## (6) 悪徳商法

　現代では心理学的な手法を悪用した**悪徳商法**が社会問題となっている。インターネットを利用した不当請求，振り込め詐欺，マルチ商法，キャッチセールスなど，消費者問題といわれるさまざまなトラブルが発生している。悪徳商法の手法を理解し，**消費者問題**による被害の防止（**消費者保護**）に役立ててほしい。

　購入へのハードルの低い魅力的な商品を示して，消費者にその商品の購入を決定させる。そしてその後，本来だったら購入を見送るような悪い条件を提示されたり，良い条件を取り下げられたりされたとしても消費者はその商品を購入してしまう。このような手法を**ロー・ボール・テクニック**という（Cialdini et al., 1978）。たとえば，20万円の予算でパソコンの購入を検討している際に，15万円と掲載されたパソコンの広告を見かけた。そのパソコンの購入を決定した後に，オプションや付属品などで計30万円かかることになったが，その時点ではもう引き返せなくなってしまう。不動産販売，訪問販売などで古くから悪用されてきた手口としても有名である。

　マルチ商法などでよく使われる手口として，**引きのテクニック**がある。客に口を挟ませないように商品の利点などを一気にまくしたてた後に，頃合いをみて「残念ですが，あなたが希望しないのであれば，購入は勧めません」などと引き技を挿入する。すると，相手の押し技に心理的抵抗を示していた客も，引き技で押し戻す力が弱くなる。そこに再度強烈な押し技を入れて，契約まで持っていくという手法である。一度引き返す機会が与えられているのに，残って話を聞いている，つまり主体的に聴いているという感覚が客に生じてしまうとされる。

　**催眠商法**は，街頭でチラシや試供品を配布し客を集めるところから始まる。客が集まった段階で，客を近くの会場に誘導して，閉鎖された空間で無料商品を客にどんどん提供し，会場の雰囲気そして客を興奮状態にもちこむ。最後に，会場の雰囲気と客の興奮がピークに達したところで，高額商品を登場させ，購入するように説得する。

　近年，被害が多発している**振り込め詐欺**では，さまざまな説得技法が悪用されている。1つは，恐怖の喚起アピールである。事故や示談金，犯罪などの可

能性をほのめかし，不安や恐怖を生起させ，それを説得に用いるという手法である。同時に，振込期限など設定して相手をせかす（時間的切迫）ことにより，さらに不安や恐怖をあおる。また，弁護士や警察官，行政職員など権威を利用することによって信憑性を高めることも行われる。このように振り込め詐欺は複数の手法からなっており，その手口はますます巧妙になっている。

　街頭でアンケートに答えて欲しいと声をかけられ，アンケートに承諾した後，事務所に移動するように要請され，そこで長時間勧誘を受けるという手法が**アンケート商法**と呼ばれるものである。フット・イン・ザ・ドア・テクニックを悪用したものである。勧誘の時間が長引けば長引くほど親和欲求などによって断りにくくなる。

　その他にも，消防署や保健所職員を装い消火器や衛生用品を販売する**かたり商法**，異性に好意を抱かせて高額商品を売りつける**アポイントメント・セールス**など多種多様な悪徳商法が存在する。いずれも心理学的な知見を悪用したもので決して許されるものではない。悪徳商法に騙されないために，その手口を理解し，批判的な視点で，感情に従うのではなく常に論理的に意思決定を行うことが重要である。ぜひ，消費者保護に役立ててほしい。

## 5. 広告心理学

### (1) 広　　告

　消費者行動に密接に関わるものとして**広告**がある。広告は，「**広告心理学**」として産業・組織心理学の黎明期からその手法や効果などについて研究がなされてきた（序章参照）。広告の定義はさまざまであるが，たとえば「人的手段によらないメッセージのなかに明示された広告主が所定の人々を対象に行う，商品・サービス，アイデアについての有料の情報伝達活動で，広告主の管理の下に行われる活動」（濱，1996）などと定義されている。

### (2) 広告効果モデル

　広告は，生産者や企業などの送り手から消費者などの受け手に情報を伝達するというある種のコミュニケーションと捉えられる。広告を受け取った人の心

理的・行動的なプロセスについては，**広告効果モデル**として，これまでいくつ
かのモデルが提案されてきた。その中でも古典的理論として有名なものが
DAGMAR（Defining Advertising Goals for Measured Advertising Results;
Colley, 1961）である（図11-2）。広告の受け手は，商品やサービス，それらを
提供する企業についての情報を何も持たない「未知」の段階から，広告を受け
取ることよってはじめてそれらの商品やサービスを知ることになる（「認知」）。
商品やサービスを認識した後は，それらの内容を「理解」する段階に至り，そ
の段階を経て「その商品を購入したい」，「そのサービスを利用したい」という
気持ちが形成されていく（「確信」）。そして最後に「購買（行為）」に至る。
DAGMARではこのように広告の受け手の心理的・行動的な過程がモデル化さ
れている。

図11-2 DAGMAR（Cooley, 1961）

また，最近では，インターネットの普及により，**AISAS**®（Attention Interest
Search Action Share）[1]，も注目されている（図11-3）。インターネットなどで
製品紹介や口コミをみて情報収集をしたり，商品購入後にSNSで商品の情報
を共有したりするなどといった，現代の消費者の行動を加味した新しいモデル
となっている。

図11-3 AISAS®

## (3) 広告表現

より消費者に注目してもらうために，広告にはさまざまな表現方法が用いら
れている。洗剤の広告で「従来の製品と比べて，新製品の方がよく汚れが落ち
る！」などと謳われたものを観たことがあるだろうか。自社製品を他社製品と

---

1 商標登録番号 第4874525号（2005年6月）；株式会社電通

比較したり，従来品と新商品を比較したりして，一方の優位性を強調するという手法を使った広告は**比較広告**と呼ばれる。また，思わず笑ってしまうようなコマーシャルを目にすることがあるが，これは**ユーモア広告**といわれるものである。**タイアップ広告**は，テレビ番組の途中で，そのテレビ番組の出演者がある商品やテーマパークなどを紹介するといったような手法であり，近年見かけることも多くなった。その他にも，「続きは WEB で！」など，商品の断片的な情報だけを消費者に与えて興味を惹かせるといった**ティーザー広告**などがある。効果的な広告表現は多種多様であり，現在でもさまざまな手法が開発され続けている。

　消費者と生産者は常に相互に関わり合い，そこではさまざまなものが交換される。生産者にとって消費者の心理を理解することは組織の拡大につながり，さらには産業の拡大に寄与するものになるだろう。一方，消費者からすれば，購買に関わる自身の心理を理解することによって，日々の購買や消費をより洗練したものにすることができるだろう。

---

**ワーク：商品をたくさん売るためにできる工夫を消費者行動から考える**
　あなたはケーキ屋さんのオーナーで，新商品を開発しようとしています。その新しいケーキをたくさん売るためにできる戦略を考えてみましょう。
　詳しくはダウンロード資料（p. ii）を参照。

---

■ 引用文献 ─────────────────────

American Marketing Association (2017). Definition of Marketing. American Marketing Association. Retrieved from https://www.ama.org/the-definition-of-marketing-what-is-marketing/January 1, 2020)

Blackwell, R. D., Miniard, P. W., & Engel, J. F. (2006). *Consumer behavior* (*10th ed.*). Mason: Thomson South-Western.

Cialdini, R. B., Cacioppo, J. T., Bassett, R., & Miller, J. A. (1978). Low-ball procedure for producing compliance: Commitment then cost. *Journal of Personality and Social Psychology, 36*, 463-476.

Cialdini, R. B., Vincent, J. E., Lewis, S. K., Catalan, J., Wheeler, D., and Darby, B. L. (1975). Reciprocal concessions procedure for inducing compliance: The Door-in-the-Face Technique. *Journal of Personality and Social Psychology, 31*, 206-215.

Colley, R. H. (1961). *Defining advertising goals for measured advertising results*. New York: Association of National Advertisers.

Engel, J. F., Kollat, D. T., & Blackwell, R. D. (1968). *Consumer behavior*. New York: Holt, Rinehart and Winston.

Freedman, J. L. & Fraser, S. C. (1966). Compliance without pressure: The foot-in-the-door technique. *Journal of Personality and Social Psychology, 4*, 195-203.

濱保久 (1996).　販売と広告 佐々木土師二 (編)　産業心理学への招待 (pp. 145-188) 有斐閣

Howard, J. A., & Sheth, J. N. (1969). *The theory of buyer behavior*. Hoboken:　Wiley & Sons.

小嶋外弘 (1986).　価格の心理―消費者は何を購入決定の "モノサシ" にするのか―　ダイヤモンド社

McCarthy, E. J. (1960). *Basic marketing: A managerial approach*. Homewood: Richard, D. Irwin.

Münsterberg, H. (1913). *Psychology and industrial efficiency*. Boston:　Houghton Mifflin.

National Research Council (1989). *Improving risk communication*. Washington, D. C. : National Academy Press.

Scott, W. D. (1903). *The theory of advertising: A simple exposition of the principles of psychology in their relation to successful advertising*. Boston: Small, Maynard & Company.

# 事項索引

# 人名索引

【著者一覧】（五十音順，＊は編者）

秋保亮太（あきほ・りょうた）
大阪大学大学院人間科学研究科助教
担当：第2章（共著）

植田健太（うえだ・けんた）
Office CPSR 臨床心理士・社会保険労務
士事務所代表，koCoro 健康経営株式会社
代表取締役
担当：第7章

大沼沙樹（おおぬま・さき）
茨城大学人文社会科学部講師
担当：第2章（共著）

笠田真由美（かさだ・まゆみ）
サーモスリンク代表
担当：第5章，第6章

高坂啓介（こうさか・けいすけ）
早稲田大学商学学術院博士後期課程
担当：第4章（共著）

佐藤律子（さとう・りつこ）
りつ社会保険労務士事務所代表
担当：第8章

澁谷美穂子（しぶや・みほこ）
IT 企業，メーカー カウンセラー
武蔵野大学大学院実習指導教員
担当：第10章

松野航大（まつの・こうだい）＊
武蔵野大学通信教育部人間科学部講師
担当：第1章，第11章

村瀬俊朗（むらせ・としお）
早稲田大学商学部准教授
担当：第2章（共著），第4章（共著）

矢澤美香子（やざわ・みかこ）＊
武蔵野大学人間科学部教授
担当：序章，第3章，第9章

役立つ！産業・組織心理学
仕事と生活につかえるエッセンス

| 2020 年 4 月 20 日　　初版第 1 刷発行 | 定価はカヴァーに |
| 2023 年 3 月 20 日　　初版第 2 刷発行 | 表示してあります |

編　者　　矢澤美香子
　　　　　松野航大
発行者　　中西　良
発行所　　株式会社ナカニシヤ出版
〒606-8161　京都市左京区一乗寺木ノ本町 15 番地
Telephone　　075-723-0111
Facsimile　　075-723-0095
Website　　http://www.nakanishiya.co.jp/
Email　　iihon-ippai@nakanishiya.co.jp
郵便振替　01030-0-13128

装幀＝白沢　正／印刷・製本＝創栄図書印刷株式会社
Printed in Japan.
Copyright © 2020 by M. Yazawa & K. Matsuno
ISBN978-4-7795-1449-4